中国工运史料丛书
007

第六次全国劳动大会史料汇编

中国工运历史研究出版中心
全总工会理论和劳动关系智库基地（文献资料中心）◎编

中国工人出版社

图书在版编目（CIP）数据

第六次全国劳动大会史料汇编／中国工运历史研究出版中心，全总工会理论和劳动关系智库基地（文献资料中心）编. —北京：中国工人出版社，2023.8
ISBN 978-7-5008-8215-2

Ⅰ.①第… Ⅱ.①中… ②全… Ⅲ.①中华全国总工会－代表会议－史料 Ⅳ.①D412.3

中国国家版本馆CIP数据核字（2023）第160779号

第六次全国劳动大会史料汇编

出 版 人 董 宽
责任编辑 李卫民
责任校对 张 彦
责任印制 栾征宇
出版发行 中国工人出版社
地　　址 北京市东城区鼓楼外大街45号　邮编：100120
网　　址 http://www.wp-china.com
电　　话 （010）62005043（总编室）
（010）62005039（印制管理中心）
发行热线 （010）82029051　62383056
经　　销 各地书店
印　　刷 三河市东方印刷有限公司
开　　本 880毫米×1230毫米　1/32
印　　张 7.75
字　　数 162千字
版　　次 2023年12月第1版　2023年12月第1次印刷
定　　价 56.00元

编辑出版说明

中国工人运动史料是中国共产党红色资源的重要组成部分，也是中国工运独具特色的精神财富，具有重要的研究和借鉴价值。2021 年，中国工人出版社启动“工藏：中国工运史料文库”融合出版项目，倾力挖掘、搜集和整理中国工运历史资料，并将在 2025 年中华全国总工会成立 100 周年之际，同步推出史料文集、线上平台和数据库等不同形态的成果。先期出版的中国工运史料丛书，专题汇编较为重要的中国工运史料，是这一融合出版项目推进过程中的阶段性成果。

首批推出的中国工运史料丛书共 7 卷，分别为《历次全国劳动大会文献汇编》、《第一次全国劳动大会史料汇编》、《第二次全国劳动大会史料汇编》、《第三次全国劳动大会史料汇编》、《第四次全国劳动大会史料汇编》、《第五次全国劳动大会史料汇编》和《第六次全国劳动大会史料汇编》。以这样大的规模完整推出新民主主义革命时期历次全国劳动大会的文献和史料，在中国工会历史上还是第一次。编辑出版过程中，一方面补充了过去未曾收集到的大会文献，另一方面收录了文电文稿、报刊报道和亲历者回忆等珍贵史料，并且逐一进行溯源考证，让这一出版成果更具历史价值。

此次出版的全国劳动大会史料汇编，除《历次全国劳动大会文献汇编》外，其他 6 卷在体例上统一分为“大会文献”、“文电文稿”、“报刊报道”和“附录”四部分。“大会文献”包括历次全国劳动大会发布的正式文件，包括中国共产党给大会的贺信、会议开幕词、报告、决议、章程、选举结果、闭幕词、宣言等。“文电文稿”包括与历次全国劳动大会有关的文电和文章，即以大会名义或中华全国总工会、中国共产主义青年团等其他团体所发电文，以及工运领袖对大会的综述等。“报刊报道”包括当时各报刊对大会相关动态的报道和评论。“附录”在汇编会议历史背景资料的同时，也收录了部分大会亲历者的回忆文稿。

最大限度地保存历史原貌，这是中国工运史料丛书的编纂原则。各类文字严格限定原始资料，并尽可能追溯最早文本，部分资料依照最新权威版本做了订正；回忆文章严格限定亲历、亲闻、亲见，不用后人编纂的文章；对原始资料文本逐字逐句考证，除改正明显错字、错排内容外，均保留原文，包括当时的混用字；原文有漏字或空白处，只要不产生阅读歧义，均不做推测、填补，以“□”代之。需要读者注意的是，在当时的历史条件下，有些话题的表述与今天或有不同；有些名称、数据亦不统一，为保存史料原貌，我们在编辑过程中未做修改，均保留原样。

历史资料浩如烟海，很难尽善尽美。如若发现编纂错讹或有新的史料补充，竭诚期待告知编者（grcbsgz@126.com），以便今后修订增补。

《第六次全国劳动大会史料汇编》

主　　编

张　刃

副主编

蒋佩轩

学术编辑

李　丹　李卫民　王功彬

数字编辑

吴　倩

目　录

大会文献

文电文稿

报刊报道

附　录

大会文献

中国共产党中央委员会祝词

中国解放区工人代表大会主席团转各解放区工人代表及由国民党统治区各大城市远道前来的工人代表们：

亲爱的同志们，我们以最大的兴奋闻悉你们的大会将于八月一日在哈尔滨开幕的消息。自从一九二九年在上海秘密环境下举行的第五次全国劳动大会以来，你们现在所举行的大会是十九年来的第一次。此次大会的举行，表示在无产阶级领导下的我国的人民解放战争已经接近最后胜利，表示全国性的新的大革命时期又已到来，表示国民党反动集团在全国工人中的分裂政策已经最后宣告破产，全国工人运动重新在革命的旗帜下统一起来。因此，全国的工人和职员代表，乃得重新团聚一堂，在业已解放了的自己的城市中，讨论工人阶级命运所系的重大问题。

同志们！当此人民解放军在进攻中节节胜利，新的大革命高潮正在向全国范围内发展，美国帝国主义走狗国民党反动集团的统治业已接近最后崩溃的时候，全国工人阶级的最大任务，就是首先团结自己，并以自己的英勇奋斗与自我牺牲精神去团结农民、独立劳动者、自由职业者、知识分子、自由资产阶级与一切爱国分子，帮助人民解放军，坚决彻底干净全部地歼灭国民党的反动军队，推翻美国帝国主义与国民党反动集团的万恶统治，建立独立自由强盛和统一的中华人民民主共和国。为了这个共同的目的，解放区工人和职员的任务，是在毛泽东同志著名的经济方针，即“发展生产，繁荣经济，公私兼顾，劳资两利”的方针之下，振兴工业，巩固解放区，支援前线。国民党统治区工人和职员的任务，是团结全体职工和全体人民，对美国帝国主义与官僚资本作斗争，对人民解放军的胜利进攻作必要的和可能的配合，并在城市被解放以后帮助民主政府有秩序地接管城市。为了完成这些任务，必须迅速加强工会的工作，团结和教育工人职员群众，使他们成为人民民主共和国的领导力量。我们相信，在历史上有二七罢工、五卅罢工、省港罢工、上海三次起义和第一次大革命时期普遍全国的罢工斗争和广州起义等光荣传统的、曾经产生过像林祥谦、施洋、刘华、赵世炎、汪寿华、苏兆征、王荷波、郭亮、邓中夏、项英、许白昊、张太雷、罗登贤、杨殷、林育英、邓发等英雄人物的中国工人阶级的今天的代表大会，必能胜利地完成这些光荣的任务。敬祝大会的成功。

中国共产党中央委员会

1948 年 7 月 29 日

（中华全国总工会中国工人运动史研究室编：《中国工会历次代表大会文献》，工人出版社，1984 年，第 417−418 页）

中国解放区职工联合会筹备委员会、中国劳动协会、上海代表团、唐山代表团、天津代表团关于大会名称的提议

当此人民解放战争走向全国胜利的形势下，全国职工代表齐集于自由民主的哈尔滨，举行工代大会，到会代表不仅有各解放区职工代表而且有国民党统治区各大城市上海、武汉、天津、唐山等大城市及全国各大产业之职工代表，无论在所代表的有组织工人的数量上或所包括之产业和地区上，都具有充分全国意义。

因此为了继承中国工人运动自一九二二至一九二九年召开过的五次劳动大会的光荣传统，为了统一领导全国职工运动集中工人阶级的力量及早打倒国民党卖国政府，驱逐美帝国主义出中国，我们提议将这次大会定名为第六次全国劳动大会，大会将产生之全国组织，亦应恢复以前名称，定名为中华全国总工会。是否有当请大会决定。

中国解放区职工联合会筹备委员会 主任

中国劳动协会 理事长

上海代表团 团长

唐山代表团 团长

天津代表团 团长

1948 年 7 月

（中华全国总工会中国工人运动史研究室编：
《中国工会历次代表大会文献》，工人出版社，
1984 年，第 415 页）

大会预备会议确定大会名称与大会所产生组织之名称的决议

大会一致同意全国解放区职工联合会筹备委员会主任刘宁一，中国劳动协会理事长朱学范，上海代表团团长汤桂芬，天津代表团团长周青诸同志之提议，为了继承中国工人运动的革命光荣传统，为了统一全国职工运动领导，集中工人阶级力量联合一切民主爱国阶级，更快的打倒国民党卖国统治，驱逐美帝国主义出中国，决定将此次大会定名为第六次全国劳动大会，将由大会产生之全国组织，恢复历史上之光荣名称，定名为中华全国总工会。

大会预备会议

1948 年 7 月 31 日

（中华全国总工会中国工人运动史研究室编：《中国工会历次代表大会文献》，工人出版社，1984 年，第 416 页）

开 幕 词

李立三

诸位来宾，诸位代表，诸位同志：

中国第六次全国劳动大会，在今天——八月一日——中国人民解放军诞生的纪念日，于东北解放区的首府——哈尔滨，正式宣告开幕了（第六次全国劳动大会万岁！中国人民解放万岁……的口号声与掌声经久不绝）。

出席这次大会的有解放区职工联合总会的代表、有中国劳动协会的代表，有各解放区职工会的代表，还有国民党统治区各大城市的代表——上海的代表，武汉的代表，天津的代表，南方的代表，共代表全国有组织的职工二百八十三万余人。

这次大会无论是从它所代表的数量上看，从它所代表的各大产业上看，从地区上看，都是真正全中国工人阶级的大团结（全国工人阶级团结万岁！口号声与掌声四起）。

我们工人阶级，在历史上已经举行过五次劳动大会了，过去五次大会，都是在中国共产党领导下举行的（毛主席万岁！中国共产党万岁！）。有了中国共产党，中国工人阶级才开始了真正革命的斗争和革命的职工运动。一九二二年五月一日在广州举行的第一次全国劳动大会，就是由中国共产党当时从事工人运动的组织——中国劳动组合书记部所发起。当时大会确定了中国工人运动统一团结的斗争方向，并正式决议承认书记部为全国总工会成立以前的工人运动的全国总的领导机关，今日中国人民的领袖毛泽东主席，就是当时劳动组合书记部的领导者之一（全场高呼：毛主席万岁）。

在第一次劳动大会的推动和影响之下，展开了中国工人阶级第一次的罢工斗争高潮，在不到一年的时间，全国铁路，海员，矿山及全国各大城市的工人，差不多都举行过胜利的罢工，并成立了工会。至一九二三年二月全国铁路工人为援助京汉铁路工人为争取组织工会的自由，反对当时北洋军阀的压迫而举行的二七大罢工，已使中国工人阶级登上了政治舞台，并表示了自已坚强的斗争能力，受到各方面的重视。从那时起，中国工人阶级已成为全国人民解放运动的先锋队。

第二次大会是一九二五年五月一日在广州举行的，苏兆征、邓中夏等同志即是这次大会的领导者，会上通过了中华全国总工会章程，选举了中华全国总工会的执行委员会。当时总工会的委员长是香港海员大罢工的著名领导者林伟民同志；现在中共卓越的领导者，毛主席的战友刘少奇同志，就是当时的副委员长。大会确定了中国工人阶级应当参加和领导国民革命，以反对帝国主义和封建军阀的正确方向。在大会闭幕不久，就掀起了成为全国革命高潮起点的上海五卅总罢工，开始了中国第一次大革命。而当时在中华全国总工会领导下坚持了两年之久的香港大罢工，可以说是世界上最持久的罢工运动之一，成为支援当时广州革命政府的支柱。这次大罢工的领袖苏兆征、邓中夏、李启汉诸同志，及赵世炎同志就是一九二六年五月在广州举行的第三次全国劳动大会的领导者。

在这次大会上决定了号召全国工人积极参加和支援快要举行的北伐战争。上海工人在一九二七年三月为响应北伐军而举行的武装起义，并占领上海的壮举，成为中国工人阶级拿起武器进行革命斗争而且获得了胜利的首次尝试。在北伐军打到武汉，全国革命运动正蓬勃发展之际，以蒋介石为首的中国大资产阶级叛变了革命，首先在上海对革命工人举行了四一二大屠杀，当时工人没有警惕革命阵营内的这种反革命叛变；受到了很大损失。（全场高呼“打倒卖国贼蒋介石！”）但工人阶级并没有为“四一二”的反革命大屠杀所骇倒。当时蒋介石的反革命，还只在东南数省及广州等地进行，而以武汉为中心的中部各省，革命仍在继续发展中。

全国总工会在一九二六年秋季已迁至武汉，在北伐军占领的各省，进行极大的组织工作，并举行了改善工人生活的普遍的斗争，对于北伐军的支援和帮助，起了极大的作用。当时组织在全国总工会之内的有二百八十万会员。

至一九二七年夏季在汉口举行了第四次全国劳动大会。会上坚决地反对了蒋介石的叛变，并号召全国工人援助当时正在南方各省蓬勃开展的农民运动，继续深入展开革命斗争。但是当时由于中国共产党的领导机关以陈独秀为首，犯了机会主义的错误，对于武汉政府内部的反革命分子采取完全退让的政策，因而使武汉政府的反革命叛变成为可能，革命又受到了极大的损失。但工人阶级并未因而屈服，坚决联合广大农民和小资产阶级继续坚持了革命斗争。并在二十一年前的今天，举行了南昌起义，中国人民解放军从此诞生。以后，一九二七年十二月又在广州举行了起义试图挽救革命的失败。但广州起义失败以后，中国第一次大革命高潮，即以失败的结局而终结，以蒋介石为首的反革命集团在帝国主义帮助之下暂时地得到了胜利，从此，中国共产党及革命职工会不得不暂时转入地下活动。

在第一次大革命失败以后，工人阶级在大革命时期所争得的各种权利和利益，差不多完全丧失，革命的工人则处于白色恐怖之下，但在一九二九年仍然在上海秘密举行了第五次劳动大会。由于城市是反革命力量集中的据点，很难进行革命活动，乃号召和组织工人下乡，以便帮助农民——中国工人阶级最广大最可靠的革命同盟军组织起来，发动游击战争和土地革命。因为在当时以工人阶级的政党——共产党为领导的特别是以毛泽东主席为领导的农民土地革命的武装斗争的新时期已经开始，并已获得了重要的成果。以土地革命为内容的武装斗争，坚持了十年之久，并粉碎了国民党反动集团的五次反革命围剿，曾经得到更大的胜利和发展，但在它的末期，又由于领导上的错误与张国焘的破坏，又受到严重的挫折，然而在最后，仍在毛泽东主席领导之下克服了这种错误与破坏，得以保存中国人民军队及革命干部，迎接了一九三七年新的民族革命运动高潮时期的到来。

在抗日时期，中华全国总工会的工作人员曾经不得不分散，一部分在敌后领导抗日参加游击战争，这种游击战争创造了敌后广大的解放区，因而坚持了中国的抗战，以至最后战胜了日本帝国主义。一部分则在敌占区坚持地下斗争，再一部分则到国民党统治区与朱学范同志领导的中国劳动协会联合，进行合法运动。大后方工人运动的统一，对抗日民族统一战线是有重大的推动作用的。正是由于中华全国总工会在中国共产党领导下在各方面进行的工作，才表现出工人阶级在坚持抗战与最后战胜日本帝国主义当中所起的伟大作用。

从第五次劳动大会以来的十九年中，中国革命在无产阶级伟大战略家和中国人民领袖毛泽东主席领导下，胜利的经过了三个革命时期，证明了中国工人阶级始终是中国人民争取民族独立解放斗争的先锋队和领导者，是在斗争中最坚决最彻底的领导阶级。

在国民党统治区，中国工人阶级处在毫无自由与权利的奴隶地位，受着官僚资本的残酷剥削和美蒋联合的恐怖统治，几乎每天都受到饥饿和杀害的威胁，但他们仍然坚持着英勇顽强的斗争。以上海的工人为例来说，在九一八事变后，上海十万纱厂工人的大罢工，曾经直接推动了振奋全国的一二八上海抗战。在沦陷期间，又进行了各种抗日活动，扩大了地下的工人组织，在日本投降时，粉碎了日寇炸毁上海工厂的阴谋企图，后来，又在国民党反动集团高压下，为救死求生，进行了很多罢工斗争。其他各地的工人斗争，十九年来也没有停止过。如去年一年，据统计参加罢工的人数就达三百二十万人。特别是今年二月间上海申新纱厂工人的罢工，在国民党反动派的坦克、机枪的屠杀下，死伤一百多人之多，表现了上海工人革命斗争的英勇传统至今是仍然保持着的。

今天上海、天津、武汉、唐山、广州及其他各大城市的工人代表能够冲破国民党的白色恐怖，来出席这次大会，说明了中国工人团结在毛泽东旗帜下的革命斗争是不可抗拒的（全场高呼“团结在毛主席旗帜下前进！”）。

解放区工人则不仅已经获得了一切民主权利，实现了工人阶级几十年奋斗所要求的目的，而且参加了人民政权，成了人民政权的领导阶级。在经济上不但完全解除了帝国主义和官僚资本的剥削，而且参加了经济管理，许多工人运动的老前辈和新起的许多劳动英雄，如赵占魁、刘英源同志等，现在成了国营企业的领导者，工人已经是公营企业的主人翁，私人资本的剥削也受到了适当的限制。工人在文化教育方面，不但不受任何的排斥和限制，而且政府特为工人进行各种文化教育的设施，工人中的天才可以不再受埋没了。解放区工人阶级已经同一切被压迫人民一起成为国家的、社会的真正主人翁了。现在中国解放区的人口，已比美国还多了。我们能够在自由的土地上，举行第六次全国劳动大会，乃是中国工人阶级和农民及其他革命人民几十年流血斗争所取得的果实，特别是工人农民及其他劳动人民的子弟兵——人民解放军牺牲流血所创造的果实。我们代表全国工人，向数十年来在工人阶级革命斗争中英勇牺牲的烈士：林祥谦同志、施洋同志、赵世炎同志、邓中夏同志、李启汉同志、许白昊同志、郭亮同志、刘华同志、罗亦农同志、汪寿华同志、王荷波同志、张太雷同志、苏兆征同志、项英同志、罗登贤同志、杨殷同志、邓发同志、张浩同志、朱宝庭同志及其他工人阶级优秀烈士致哀；（全场肃立静默）向二十年来为中国工人阶级及中国人民解放事业而英勇牺牲的中国人民解放军诸阵亡将士致哀。（全场肃立静默）

今天转入全面进攻的中国人民解放军，已经成为无坚不摧的最后解放全中国的强大的革命武装力量；我们代表全国工人向朱总司令致敬！向正在各个前线胜利进行的全体指战员致敬！（全场起立高呼“人民解放军胜利万岁！”）这个胜利最主要和最基本的原因，是由于中国工人阶级及其政党——中国共产党的领导，是由于毛泽东主席的英明领导，有了毛主席掌舵，中国工人阶级和中国人民一定会得到最后解放的胜利。因此第六次全国劳动大会代表全国工人阶级向中共中央致敬！向工人阶级及中国人民的领袖毛泽东主席致敬。（全场起立，奏乐唱“没有中共就没有中国”歌，高呼中国共产党万岁！毛主席万岁！）

中国民族的解放事业，一开始就得到世界各国工人，特别是苏联人民的援助，特别是苏联红军粉碎暴日的伟绩，直接解放了东北，并使中国人民从日寇压迫下迅速获得解放。今天国际帝国主义正在进行破坏世界和平与世界民主的阴谋活动，只有全世界工人及一切民主人士团结起来，才能战胜以美国为首的国际反动势力和战争贩子，因此第六次全国劳动大会代表中国工人阶级，向苏联人民领袖，世界工人阶级导师斯大林大元帅致敬！（全场欢呼不绝，万岁声、欢呼声震撼屋宇，国际歌声随之而起）

此次大会的主要任务，就是讨论如何进一步地巩固和扩大工人阶级的团结，并联合全国各个民主阶层人民，发挥中国人民更伟大的战斗力，彻底粉碎国民党反动集团的反革命军队及反革命政权，建立毛泽东主席所指出的独立、自由、民主、统一与富强的新中国。最后让我们高呼：

全中国工人阶级团结起来，在毛主席旗帜下前进！

中国人民解放军万岁！

中国共产党万岁！

全国人民领袖毛主席万岁！

（全场掌声、口号声经久不息）

（1948 年 8 月 1 日）

（中华全国总工会中国工人运动史研究室编：
《中国工会历次代表大会文献》，工人出版社，
1984 年，第 419–424 页）

当前中国职工运动的总任务 *

陈 云

第六次全国劳动大会提出了当前中国职工运动的总任务。总任务是什么？就是彻底推翻美帝国主义及其走狗国民党反动派在中国的统治，建立新民主主义的人民共和国。讲得普通一点，就是打倒国民党反动派，打倒反革命的旧政府，建立革命的新政府。这是现阶段中国工人阶级最高的任务，解放区的工人和国民党统治区的工人都要为此而奋斗。到会的同志都是工人的代表，工人谋利益的，我们应该郑重其事地讨论这个总任务，并且广泛地向全国工人阶级宣传这个总任务，让每一个工人都了解，打倒蒋介石，建立新中国，就是工人阶级和全国人民的根本利益所在。

我们向全国工人阶级提出这个总任务，那末，工人生活问题，比如说，在国民党统治区，工人劳动时间太长，工资太低，组织工会没有自由等等问题，都不提了吗？不是的。凡是有关工人切身利益的一切问题，我们都要关心，都要帮助解决。但是，如果不完成我们的总任务，要彻底解决这些问题是不可能的，即使是部分地解决了，也是不能持久的。现在国民党统治

---

* 这是陈云同志在第六次全国劳动大会上的报告摘要。

区的工人生活还是很苦的，他们还受着剥削压迫，没有自由；解放区的工人虽然得到了民主，但生活还是不好。这些苦是从哪里来的？归根到底，是美帝国主义及其走狗国民党反动派剥削压迫造成的，除了打倒他们，工人就没有出路。

不打倒国民党就没有出路，这是历史作出的结论。从一九二七年到现在，我们已经同国民党斗争了二十几年。现在可以讲一点历史事实。大革命时期我在上海，参加了反对北洋军阀的三次武装暴动。我们工人拥护国民革命军，工会派代表到新龙华去迎接国民党。可是，他们来了，搞了一个“四一二”大屠杀。接着是十年内战，调动几十万、上百万军队“围剿”苏区，在白区残酷杀害共产党人和工人革命分子。以后日本帝国主义占领东北，进攻华北，中国共产党提出了停止内战、联合抗日的主张，蒋介石则坚持“先安内，后攘外”的反动政策。结果来了个西安事变，把蒋介石捉住了。共产党以民族存亡的大义为重，主张放他出去，要他抗日，但是，他在八年抗战中打日本很消极，反共反人民却起劲得很。抗战结束后，毛主席到重庆同他谈判，国共双方都在“双十协定”上签了字，但他的老毛病又犯了，赖账不算，同美帝国主义勾结在一起，来了个全面内战，准备一家伙把革命力量统统打下去。在国民党统治区，他疯狂地镇压要饭吃、要和平、要民主、要自由的人们，查封报纸，逮捕了许多人，打了许多人，杀了许多人。被捕被打被杀的，有工人，有共产党人，也有民主人士，在座的朱学范同志就是一个。最可恶的是，日本帝国主义侵略中国八年多，蒋介石最近却任用日本侵华军总司令冈村宁次这个首要战争罪犯当他的秘密军事顾问，帮助他打内战。蒋介石国民党二十几年的所作所为，证明了不战胜它，不打倒它，我们就要吃亏，就要倒霉。因此，彻底推翻美帝国主义及其走狗国民党反动派在中国的统治，建立新民主主义的人民共和国，这是我们现阶段的总任务，最高的任务。至于工人的劳动时间问题，工资问题，组织工会自由问题，等等，比较起来，都是些小问题。推翻国民党反动统治这个大问题解决了。小问题都容易解决。

工人阶级现在是为新民主主义而奋斗，将来还要为社会主义而奋斗。新民主主义好，社会主义更好。因为社会主义可以完全消灭人剥削人的现象，生产力可以有更大的发展，全体人民可以生活得更好。要为社会主义而斗争，首先就要参加新民主主义的斗争。不完成新民主主义革命，就不可能开始社会主义革命。中国新民主主义革命是无产阶级及其先锋队共产党领导的。打败了蒋介石，我们就可以掌握国民经济命脉，发展劳动群众的合作经济，这样就可以由新民主主义革命转到社会主义革命。我们工人阶级越是干得好，贡献大，英勇奋斗，不惜牺牲，就越能成为领导的阶级，中国就越有可能胜利地走向社会主义。

现在我们取得的大胜利是几十年来没有过的。据新华社发表的消息，我们已经消灭了敌人的军队二百六十四万，解放区的人口已经有一万万六千八百万，战争已经从敌人的进攻，变为我们的进攻了。我们已经掌握了战争主动权。反革命已经到了彻底垮台的边边上了。比如爬山，我们已经快爬到山顶了。这是中国工人阶级和全体人民的大胜利。国民党快要垮台了，它就要打主意，搞新的阴谋诡计。美帝国主义也要替它想办法。他们新的阴谋诡计，就是搞一部分军人，一部分政客，利用中间派、右翼分子，来搞假和平，而且还可能让蒋介石下台，将来上台的是张介石、王介石、李介石。他们搞假和平是为了什么？目的是不想下台，想重新组织力量来打我们。出现了这种情况我们怎么办？同志们不要上当，不要被他们骗了。只要我们坚持斗争，在我们这一代手里取得胜利，这是肯定了的。

现在我还要讲一下中国共产党中央委员会规定的现阶段的总路线和总政策。无产阶级领导的，人民大众的，反对帝国主义、封建主义和官僚资本主义的革命，这就是中国的新民主主义的革命，这就是中国共产党在当前历史阶段的总路线和总政策。我们工人阶级要团结起来，联合农民阶级、城市小资产阶级和民族资产阶级，建立最广泛的反对美帝国主义及其走狗国民党反动派的革命统一战线，建立无产阶级领导的几个民主阶级的联合专政。这是人民的政权，帝国主义无份，封建阶级无份，官僚资产阶级无份，而且要对他们实行专政。为了达到这个目的，我们要在适当时机举行新的政治协商会议，讨论召开全国人民代表大会，成立民主联合政府，支援战争，争取最后胜利。中国共产党中央委员会又告诉我们，目前在农村中要有步骤地彻底地实行土地改革，依靠贫农，团结中农，消灭地主阶级和旧式富农的封建剥削制度，实现耕者有其田。在城市中，没收官僚资本，保护民族工商业，实行发展生产、繁荣经济、公私兼顾、劳资两利的政策。我们的大会，应该号召全国工人阶级按照这个章程办事。

在国民党统治区，职工运动当前的任务有四条：（一）聚集力量，扩大队伍，准备迎接人民解放军。（二）掌握斗争和团结的策略，对待民族资本家和官僚资本家应取不同的政策，联合民族资本家，共同反对帝国主义和官僚资本。（三）派遣熟练的技术人员到解放区来参加新式的工商业的建设，同时保护一切公私营企业及其机器、物资，使之不被破坏。（四）注意保护自己的团体和领袖人物，加强职工内部的团结，严防敌人的挑拨离间。国民党统治区的工人同志们做到了这些，就是对革命、对人民做出了贡献，尽到了自己应尽的责任。

解放区的职工运动是在一种完全新的条件下进行的。工人阶级已经获得解放，并成为人民政权的领导阶级，在国营、公营和合作经营的企业中，职工们已经是企业的主人。在私营企业中，虽然仍有劳资关系的存在，但由于工人阶级在政治上、政权中的领导地位，就保障了职工们不致受到压迫和过分的剥削。因此，解放区的职工运动就应该在完全新的方针和政策下来进行。

在这种情况下，解放区职工的任务首先是提高自己的觉悟，好好学习，有组织地自觉地去积极参加新民主主义的各方面建设工作，特别是发展工业生产，以保证革命战争的胜利，满足人民的需要。

在解放区，恢复和发展工业生产，已经提到了重要的地位，这就必须解决一连串的问题。

首先，要加强工业的计划性，我们工业中的计划性太少。做事要按一定的计划，一定的办法。这个问题在国民党区域不是工人管的，而是老板管的。我们解放区要把这个问题提到第一位。要使一切国营、公营企业，都能经过调查研究和全盘筹划，在统一领导、统一计划之下进行生产。就东北来说，破钢烂铁已快要用完了，现在就要打主意，在什么地方开铁矿，办钢铁厂，搞炼铁炼钢。要分清哪些是几年以后需要的，哪些是今天战争需要的，还有哪些是今天需要，将来和平建设时也需要的。比如说，鞍山钢铁厂今天不能开工，但是要做好准备，待把本溪、沈阳拿下来就动工恢复生产。这些都要经过调查研究，全盘筹划。军火工业，重工业，轻工业各搞多少，要有适当的比例。原料、机器、技术力量各方面，也要有一个调剂，克服那些各抓一把的不统一现象。同时要克服那种原料来源、成品推销没有计划，资金周转迟缓的现象。从总的方面来看，工业、农业、交通运输、金融、贸易都需要互相配合，不统一管理，经济就搞不好。各个地方的工厂，也不能各行其是，互不通气，否则就会产生很大的害处。现在我们提倡有计划，首先要把国营、公营企业的计划搞好，只有这样，才能对私人资本家工厂和合资工厂加以领导。总之，没有计划就会造成浪费，按计划办事就可以提高生产，也可以为将来搞全国计划打下基础。

其次，要改善国营、公营企业的经营和管理工作，主要是贯彻企业化原则和实行管理民主化。只有切实改善经营和管理工作，才能达到原料足、成本低、质量好、产量多、销路广的目的。管理工厂，经营工厂，第一要企业化。工厂不是机关，也不是部队，开工厂就要像开工厂的样子，一定要有经济核算，考核成本，计算原料和机器消耗。成本需要多少？原料需要多少？机器消耗需要多少？卖什么价钱？要会算账。用人也要有制度，按能力按技术，按称职不称职，既要精干，又要合理。我们解放区的同志只会当政治家、军事家，还不是企业家。我们干革命是内行，但办工厂是外行，这就需要向一切内行的人学习。为了把工厂办好，需要大家按章程办事，工厂中要有厂规，要有各种个人负责制度。还要有检查，成品好坏，做工好坏，管理好坏，都要有检查，该赏就赏，该罚就罚。不这样，就是鼓励坏作风，纵容落后，对于我们的事业是不利的。

企业管理民主化，就是要发挥大家的智慧，靠全体职工办好工厂，有事情大家一起讨论商量，他懂这一点，你懂那一点，几点合起来就可找到比较合适的办法。用什么办法来做到“三个臭皮匠，凑成一个诸葛亮”呢？一是成立工厂管理委员会，或者叫企业管理委员会，由厂长（经理）、工程师和其他的负责人加上从工人和职员中选出的代表组成，双方人数各半。这是工厂统一领导的机关，由厂长（经理）任主席。二是组织工厂职工代表大会（五百工人以上的工厂），及时传达工厂中的决定，讨论生产计划，总结生产经验，对干部实行监督，以及讨论职工在生产和生活中共同关心的问题，工人有意见就在会上讲。三是发挥生产小组会的作用，有意见大家开会讨论。民主化并不是没有人领导，不能哪一个人说要怎么办就怎么办，我们是在集中领导下的民主，有组织的民主，目的是把工厂管好。

第三，要重视和培养技术干部和管理干部。我们现在懂技术的干部很少，能管理工厂的干部更少，这是一个大问题。有什么办法解决这个问题呢？首先靠现在工作岗位上的技术干部和管理干部，同时要从有经验有技术的工人和职员中提拔，这是我们干部最主要的来源。要开办职工学校和职工训练班。有条件的地方，还要开办工业大学或者工业专门学校。也可以从别的岗位上调一点过去做过工厂工作的或者学过工业的人来。所有已经解放了的地方，原有的工程师、职员，只要他们不是反革命分子，愿意留在工厂里的，一律欢迎。工程师还是工程师，职员还是职员，而且要很好地帮助他们，帮助他们改变思想，改变他们的劳动态度和对工人的态度，去掉旧工厂中的官僚主义作风，

关于工资的规定，要坚持一个原则，即反对平均主义，实行交叉累进工资制。评定工资的标准，主要是按照职务、能力、技术和劳动强度，不得根据其他条件。女工、青工、童工，一律同工同酬。学徒学习期限不能超过三年，师徒关系应严守尊师爱徒原则。至于职工劳动保护和福利事业，必须由工厂和工会很好地办理，其经费可由工厂付出等于全部工资的若干份及工人缴纳工资的若干份筹措之。关于劳动时间问题，在目前大规模的战争环境下，解放区工厂工人一般应实行八小时至十小时工作制，除战争紧急需要外，每日劳动时间连加班在内，不得超过十二小时。

国营、公营企业中的劳动竞赛和劳动英雄运动，对发展生产曾起了积极的作用，今后仍要提倡，但必须反对形式主义和个人锦标主义的倾向。解放区工会工作的任务，是在发展生产、繁荣经济、公私兼顾、劳资两利的总方针下，团结全体职工，积极劳动，遵守纪律，以及保护职工的日常利益，教育职工等，使职工在国营、公营和合作经营的企业中发挥管理能力，在私营企业中起监督作用，在个体劳动中促进技术改良和生产合作。工会会员的征收，必须本着自愿原则，尽量争取所有职工加人工会。工会须有切实的真正能够解决群众需要的经常工作，同时必须彻底整顿目前工会工作中官僚主义和形式主义的作风，使工会真正成为职工自己的组织。

为了保障大会决议的实行，必须重新建立中国工人阶级统一的全国组织，即中华全国总工会，以便指导各地职工群众的行动。这次大会应该责成全国总工会新的执行委员会，继续第一次大革命时期全国总工会的革命传统，迅速组织全国职员和工人，在中国共产党领导之下，联合全国各民主党派、各人民团体和少数民族，为迅速推翻美帝国主义及其走狗国民党反动政府在中国的统治，为建立统一的新民主主义的人民共和国而奋斗到底。

（中共中央文献研究室、中央档案馆编：《建党以来重要文献选编》第二十五册，中央文献出版社，2011 年，第 407-414 页）

国民党统治区职工运动的报告

朱学范

第一，国民党统治区职工目前奋斗的目标

国民党统治区的工人阶级在社会上政治上没有一些地位，他们完全是帝国主义和官僚资本的奴隶，他们生命被帝国主义和国民党统治看的比牛马还不值钱，他们没有人权保障和基本自由，更没组织工会的权利。自一九二七年四一二蒋介石叛变了革命，对外投降帝国主义，对内变了新军阀，开始屠杀工人群众，陷害工人领袖，解散工会组织，国民党反动统治实行了压迫工人群众统治工人组织政策，国民党统治区职工运动受到严重的摧残和打击，九一八事变后，工人反日爱国运动又蓬蓬勃勃的发展起来。抗战开始国民党统治区职工，抱定抗战第一、胜利第一之决心，成千成万工人，由上海、天津、广州沿海各地，向内地迁移，参加抗战生产工作，抗战胜利以后，自政治协商会议的决定被国民党反动派撕毁，国民党统治匪帮勾结美帝发动了大规模内战，从关内打到关外，又从关外打到关内，大半个中国就在内战的火焰燃烧中。在内战中蒋管区的经济，是由农村破产，工商业衰落和财政崩溃三而合一。因之物价飞涨，人民生活痛苦万分。工人们在救死求生的饥饿线上挣

扎，大批工厂倒闭，工人失业，流为饿馁。国民党统治当局加强了特务统治，限制工会活动，武力镇压群众拘捕工人。工人阶级为了生命，而作救死求生的斗争，并且为了解放自己与解放一切被压迫人民，他们坚决地要赶走美帝国主义并推翻美帝走狗的大地主大资产阶级的蒋家朝廷（全场掌声雷动）。他们继续不断的反抗、斗争、罢工、怠工、游行示威，遍及全蒋管区，已经有许多工人被杀害、拘捕、关在集中营里去，作了英勇地牺牲。他们并没有被国民党反动统治征服。正像毛主席所说的："中国共产党与中国人民并没有被吓倒、被征服、被杀绝，他们从地下爬起来，揩干净身上的血迹，掩埋好同伴的尸首，他们又继续战斗了。"现在国民党统治区工人阶级，举起了为民主和平、拥护新民主主义新中国继续奋斗。人民解放军革命战争，已经打出了一个革命高潮，同时在解放区里又有实行土地改革，实行平分土地消灭封建势力的高潮。这种伟大的军事胜利的高潮与土地改革的高潮，实在对蒋管区工人发生了巨大深刻的影响，给予他们莫大的欢欣鼓舞，推动了他们爱国民主运动的发展。国民党统治区职工运动目前奋斗的目标就是反对美国帝国主义侵略中国，和推翻国民党反动统治。（鼓掌）

第二，国民党反动派怎样杀害和控制工人群众

蒋管区里的工人阶级，受到了双层控制压迫，公开的受到了法律上所谓"工会法"的控制，秘密的受到了特务的把持和陷害。所谓"工会法"是使一个控制工人阶级法西斯组织得到合法的法律根据。在第五条里规定了："工会之主管官署，在中央为社会部，在省为省政府，在市县为市县政府。"第十二条

里规定了："凡在工会组织区域内，年满十六岁之男女工人均应加入工会为会员。"第四十三条里规定了："主管官署有解散工会之权利。"在这一二项法西斯法律条文说明了凡是满十六岁的男女工人，都要缚起来强制你加入他们的特务圈套。哪里容许你干一点工人的福利与政治民主的活动呢？如稍有保护工人利益的活动，便根据所谓"法律"，加以解散。秘密的呢？国民党统治区社会部办了很多"社会工作人员训练班"，这是破坏工人运动的特务训练班。将训练出来的特务分子派到各工会去当书记特派员，来操纵工会组织、监视工人活动，屠杀工人的刽子手杨虎，就是个特派员，他和大汉奸特务陈群，过去不知杀死好多人，上海人叫他们"羊虎成群"。各大都市地方上也办了特务训练班，加强各厂的控制。在工厂组织了所谓"护工队"，在政治上愚弄威胁职工，挑拨工人感情，殴打工人的积极分子。国民党反动派中央调查统计局的特务机关组织（中统局）收买各工会里的工棍子来作情报工作。捣乱工人正当集会，捏造谣言、制造罪名，陷害工人进步分子。工人随时可以被他们扣上一个"红帽子"而遭逮捕，关到集中营去。在蒋匪帮眼中的工人活动分子是"内乱战犯"、"谋叛之徒"或"捣乱分子"，都应该处以死刑。所有所谓工会都是国民党的党棍子或受党棍子收买的工棍子所包办的与利用的，支持工会的人大部分是国民党的特务。偶然有一二种工会控制在工人手里，不是遭到解散，便是"奉命整理"，变成特务地盘。因此"工会"不是工人的，谈不到为工人谋福利，而成了打击工人运动、剥削工人福利的工具。今年四月里国民党统治区，成立了所谓"全国总工会"的组织，我们看一看里面有些什么人呢？照他们公布的名单常务理事有黄俊、吴志恒、李廷镇、孙义昌、安辅廷、周学湘、张德铭、邓望强、田亚丹，现在我替他们分析一下：黄俊是一个汉奸，吴志恒是在一九四六年八月六日在重庆带武装接收“劳协”的特务，安辅廷于四六年十二月在上海篡夺“劳协”的特务，周学湘是一个出卖他自己工人阶级的工棍子，田亚丹是曾在汉口当过警察局局长的特务，这一群都是汉奸，特务来充当总工会的领导人常务理事。这个所谓“全国总工会”完全是压迫工人阶级的工具，他们开成立会的时候，国民党统治区的工人阶级从来没有听见过。所有工厂企业中的工人，没有一个不是坚决反对这个“伪总工会”的。这个所谓总工会除指派了这一批特务汉奸来充当常务理事外，他们背后还有他们的老板有特务头子谷正纲、贺衷寒、马超俊、陆京士。说起来很痛心，陆京士是邮务工会出身，我也是邮务工会出身，但现在我在这里要宣布他的罪状，他过去做过上海警备司令部的军法处长，以后又做国民党中央组织部的组训司长，因为他做特务杀人有功，现在被提升为国民党农工部副部长，他是工人阶级的敌人，（全场高呼：“打到南京去，活捉谷正纲！打到上海去，活捉陆京士！”）工人在饥饿线上挣扎，但不允许为生活的保障而呼吁，倘使工人为着本身福利而活动的话，所遇到的是逮捕枪杀。四六年一月重庆军纺第二厂三个女工被枪杀，中国七纺织厂被拘工人十八人，三人死于狱中，官僚资本预书沙厂工人一人被杀。三月重庆大渡口炼钢厂工人，因要求工资，代表被捕，全厂工人要求释放代表，驻厂匪军就用“机枪点名”，当场杀死工人四名，受伤十八人！现在我谈一谈这个大渡口炼钢厂的惨案，这个炼钢厂就是第三兵工厂，兵工厂工人向来过着工人中最黑暗的生活，但是他们对抗战的贡献很大，为了争取抗战胜利，他们日夜工作着，有的时候他们在防空洞、地下室里工作，见不到天日，为着生产军火打日寇，任何痛苦，他们都咬着牙齿忍受下去。只希望胜利后过一些和平的日子，抗战胜利了，他们的生活一天一天比胜利以前更痛苦，他们的工资每月一万六千元，最低的只四五千元，说到自由根本没有，厂里常住着五百多警备队、更有不出面的特务。他们在厂里横行霸道，打骂工人，因为物价高涨，生活没有办法，工人于二十一日下午停工开会，当时警备队大队长袁时中叫他们推出代表，工人提出增加工资要求。由大队长转交厂方，在二天内回答，岂知二十二日深夜，突然全厂戒严，并捕去代表项东山等七人，工人们知道了这个消息，十分气愤，袁大队长亲口保证过代表安全，为什么出尔反尔呢！二十三日工人们集合起来向警备队要求释放代表，当时工人们找到了当天深夜参加逮捕代表的稽查吴某。要他领头去找袁大队长，正走在半路，袁大队长来了，吴稽查就拔出手枪就开，袁大队长也立刻开枪，同时，架在四周高地的机关枪亦向工人扫射，一时枪声四起，成群的工人弟兄们倒在血泊中，有的死了，有的在血泊中挣扎呻吟，凄惨情形不忍目睹，事后厂方便封锁消息并实行全厂戒严不准工人进出，不准死者家属收尸。有诗写道：

兵工厂响了枪

（作者：纯静）

惨杀工人的枪声，
响起在兵工厂中，
沾染着红色的鲜血，

我们犯了什么罪过？
在八年的战争中，
我们忍耐着。
不分白天和黑夜，
我们工作。
虽然我们穷得：
穿不上裤子；
我们累得：
站不直腰；
我们明白，
这是为了战争！
然而今天，
当战争已经胜利的时候，
国家正在走向民主的时候，
偿付我们的，
却是木棍和手榴弹。
这是甚么世界？
第二纺织厂的血迹，
还残留未干：
毛纺织厂受伤的工人，
尚呻吟不息；
紧接着来的，
是豫丰纱厂的被打；
可是更残暴的手段，
却留着应用在兵工厂。

除了法西斯的国度里，
会用机关枪扫射工人；
世界上哪一个国家，
会做出这样惨酷的暴行？
我们不过要求增加工资，
因为是要养活，
我们的父母儿女和妻子。
我们仅仅为了要生活，
但是人，谁不想活？
他们用了，
我们亲手制造出来的子弹，来射穿我们的胸膛。
为了要生活，
我们就遭到这般惨杀！
居然还有人说：
这是工人不守“劳工纪律”。
用特务殴打，
用机枪射杀，
“公理”如在他们的嘴里！
试问：自由公理在哪儿？安息吧！
死去的兄弟们！你们的血，
将永远领导我们前进！
我们要和法西斯残余继续抗争，
把他们的罪状，
向全中国的人民，
向全世界公布。

今天，那打死你们的枪弹，
谁能担保明天就要来杀我们？
但是，死难的兄弟们！
你们的死，已经给予了最大的警惕。
从此，一切劳动者的手将紧紧握在一起，
我们要永远团结成钢和铁。
瞧！特务，你们能猖狂几时？

国民党统治区工人，为要求自由，为要求改善待遇，就要被拘捕，被枪杀的，就是为了要提倡国货、抵制美货，也受到了同样的待遇。四七年二月，上海三区百货职工会因为提倡国货，抵制美货，正在南京路最热闹的地点劝工大楼开宣传会时，在国民党统治市政府市长吴国桢和国民党反动派方治阴谋之下，突来特务数百名袭击会场，工会负责人永安公司职员梁仁达君当时在特务一声叫打命令之下，铁棍、枪把齐下，竟被当场活活打死了。四七年十月天津八里台蒋家官僚资本控制之中纺六厂，因厂方侵害工人福利权益，与厂方发生冲突，厂方警察开枪，当场被打死打伤的五人，拘捕三十六人。四七年十一月汉口桥口武汉被服总厂发生工潮，军工部被服厂因为要赶制棉衣，欺骗工人，如果棉衣于十一月底完成的话，每个工人有四十万奖金。工作是完成了，奖金被厂方赖去了，工人就罢工要求。工人被特务抓走八个，同时，厂方装了三车匪兵来冲散工人，工人并不因为来了兵就吓倒，他们反将抓工人的特务捉到了一个，厂里的秘书钱汉章大声命令捉抓特务的丁海泉工友放手，丁海泉很壮烈的说“我宁可死而不愿放手”，刽子手钱汉章就拿出手枪来，向他开了一枪，丁海泉倒下去了，同时军警的机关枪也响起来了，向工人群众平射，结果当场又死了一人，伤了三四十人。工人展开了斗争，要求抚恤、惩凶，在出丧的一天有一万工人送葬，震动了汉口一百几十万人民。在他们灵柩前写了一方匾：“你们死了，我们亲眼见，我们永远记得。”市民非常同情被难的工人们，蒋匪警察竟枪杀工人。四七年九月，上海美商电力公司工会理事张仲之等十人无故被捕；三区百货工会理事丁盛雅等十七人被捕；法商水电工会，职工因为要求自由生存而罢工，职工十余人被捕，于十二月一日罢工工人与蒋匪警察发生冲突，当场即有九十六人被捕，并有十二人受伤。四七年十二月上海申新纱厂九厂工人，因要求年赏罢工，蒋匪大批宪兵、警察镇压，用美式铁甲车机关枪的激烈火力和刺刀催泪弹向徒手男女工进行残酷屠杀。当时申新九厂男女工人也不示弱，大家用石子、用车间里筒轨来抵抗，展开了自卫反抗，非常壮烈，军警在刽子手警备司令宣铁吾亲自指挥格杀勿论，向工人冲锋，几千工人哭声震天，结果一百余工人倒下去了，还有被捕的三百余人。上海女青年会劳工教师张莲华，青年歌咏家劳动音乐教师庄枫，电话公司工会理事吴宝淋被特务架走失踪没有了消息。国民党统治区的工人阶级，除了受军阀买办、官僚资本压迫杀害外，还有美国帝国主义的压迫。上海著名的案件人力车工友臧大二子被美军打死，没有下文；三轮车工友程永芳被美水手殴打重伤、青岛的人力车工友被美军打死，没有下文；塘沽老工友被美国兵割耳嬉弄而死，至今没有下文。天津三轮车工友被美军吉普车撞死，三轮车被撞毁，吉普逃走，警察局反而要死难工友家属赔偿三轮车。这是什么话，国民党统治，这种残民媚外，工友们就算白死。这是一篇血账，在国民党统治区是层出不穷的，哪里还谈到权利与福利呢！（全场高呼：为死难的工人兄弟复仇！）

第三，在经济崩溃下国民党统治区工人生活的悲惨状况

在抗战的时候蒋管区大后方，采取的财经政策是管制独占，是通货膨胀，是有钱者赚钱而无钱者既出力又要出钱的落井下石的办法，工人阶级生活上已经压得透不过气来。八年抗战刚刚结束，国民党反动派又开始了内战，农村的封建剥削，和城市的官僚资本重新与帝国主义的经济侵略合流，战费支出浩大，通货恶性膨胀，美货大量输入，使半封建的农村经济完全解体。脆弱的民族工商业走上衰落途径，中小企业的一片倒风，社会的财富向四大家族集中。工人失业增加，天灾人祸交相迫煎，压到工人阶级身上来。先谈农村经济吧！赐给农民的征实（即征粮）、征借、征兵、征夫的“四征政策”，按四六年度征实征借的预算为八千八百万担！但民穷财尽的蒋管区农民，这一笔账是不容易收得齐的，到该年十一月底，浙江仅征得一成，广东十三分之一，甘肃十分之一。四六年蒋区农业生产较战前减少百分之八至百分之十二，而四七年则减少百分之三十二到百分之四十，去年国民党统治区粮产与最低需要量比较，稻谷不足六千万担，小麦不足五千六百万担。除所谓征实征借以外，各地还增加了很多附加：以河南为例，尚有“征购”、“公粮”、“代购”、“暂借”、“筹购”及“抢购”六种。农民对于“征兵”的恐怖像瘟疫一样，起初是师、团管区抓，民团自卫队抓，乡保公所抓，各县份里开头普遍是所谓“二抽一”，后来是“父子要当兵”一把抓。另外是征夫出勤“劳动服务”，这给予农

民的负担也极重大，在国民党统治区这四征政策吮吸下成千成万亩的土地，尽成荒芜。农民在帝国主义封建主义压榨下毫无生路。农民的办法不是“拖”就是“逃”！不是“自杀”就是“反抗”！现在已普遍的走上反抗之路，所以国民党统治区各地民变迭起，农民武装运动发展蓬勃。城市的工商业呢？先说官僚资本在抗战胜利第一年接收了许多敌伪工业，但是在混乱腐败的情况下，有被窃抢的，有被盗卖的，有荒废生锈的，只有一般贪官污吏的“劫收大员”发了一笔胜利财。“劫收大员”上海有名的叫五子登科，就是位子、金子、房子、车子、女子。至于官僚资本的高级人员呢，坐新汽车，住新洋房，贪污腐化，无所不无。官僚资本在胜利后成立了几家大组织来统制接收敌伪的工厂、中国特产、工业原料。著名的有中国纺织建设公司，控制了棉花与棉纺业；中国蚕丝公司，控制了蚕丝特产与丝织业；中国制油公司，控制了大豆（过去有现在没有了）花生等；中国茶叶公司，控制了产茶制茶与茶叶出口贸易。官僚资本有利可图，与民争利，绞死了民族工商业。进出口贸易也是官僚资本，最大的有孔家办的“扬子公司”，他们可以用官价外汇来结价，国库里的外汇都可以到他们袋里去。民族工业呢？要原料要不到，流动资金不够，借款借不到，就是借到的利息要二十分钱。通货膨胀，物价飞涨，卖出了成品，买不进原料。美货大量倾销，我简单说一说，在市场上看见的穿的有女人玻璃衣料、玻璃丝袜、玻璃皮包，最小的东西，火柴、牛奶、铅笔，都是美国货。他们说美国的月亮比中国的亮，美国的水比中国清，美国的石头比中国的硬，现在我报告一个数字，四六年国民党统治区，全年入超四二八、二四〇、九六八美金，大部分都是美国来的东西。

在美货倾销、官僚资本纵横情况下，到四六年下半年，国民党统治区工商业就急速的崩溃了。崩溃的特点是各地的工厂和商号急骤的大量的关门。四六年八月至十月三个月中，上海已经有八十八家工厂及商店倒闭了，一入十一月，情势更加恶化，在阜丰、福新、华丰及裕丰等面粉工厂关门以后，接着英达染织厂，信大纸厂，一商药行及中国商轮公司等清理；到下旬甲等针织厂如“中国”、“泰记”、“勤益”、“华安”、“华丰”等十余家相继停业。十二月上旬，有名的大伦毛皮厂、新大织造厂、源通绸厂等，亦站不住倒了下去，中旬以后，倒的工厂和商店约一百家。其在后方四川的中小工厂一千二百家，百分之八十已关门；工协分会会员工厂四百七十四家停工三分之二。四七年上半年倒闭的工厂商店即达一千六百家，例如卷烟大小七十三家，目前每天开工的不到五家，即称幸运的橡胶业，原有七十三家去年上半年实际开工者，亦仅四十余家。至于华北工业中心之天津，原有大小工厂五千家，去年经常保持全部开工的仅百分之一，局部经常开工的占百分之四，有百分之四十的工厂已陷停顿，其余百分之五十五均陷于半停工状态。广东民营工业在日寇投降时有四百家，至于去年七月继续营业者已不足百家。随着工商业的倒闭，上海民族工业家益丰机器厂老板顾保良说：“本来我们生意非常好，可是胜利以后不对了。因为打内战，结果农民逃壮丁，田地荒芜，柴油引擎（农民打水机用的）的销路没有了；香烟市场成了‘骆驼牌、马立斯’的世界以后，国货香烟工厂要关门，我的香烟机器也没有销路了。工厂开支一共六千万元，而付利息的倒占去三千万，每月发工钱没有钱，只好关门，弄到这样结果，我的心在痛。”国民党统治区城市中失业人数骤增，去年上海失业半失业人数近二百万，内失业工人三十万人，占原有工人八分之三；重庆失业人口十八万；天津、青岛各为七万余人；昆明六万人；湘潭失业工人有四万八千，占原有工人十分之四，其他各大、中、小城市，无不充满了大量的失业军。因内战扩大，随着通货恶性膨胀，物价奔腾直上，上海米价（大米）目前（四八年七月）已经到了四千万元蒋币一担，比本年一月（一百万元）涨了四十倍，比四七年一月（六万元）涨了六百五十倍，比战前米价（十万元一担）涨了四百万倍，在本年三月份天津面粉每袋二百〇八万元蒋币，北平面粉涨到二百〇二万元。产麦区的西安每袋面粉也涨到一百二十万元。重庆、南京、宁波、芜湖等地都发生老百姓抢米风潮。

附上海米价表：

上海米价

年	月	每担	蒋币
47	6	每担	60, 000
47	6	每担	500, 000
47	12	每担	1, 000, 000
48	1	每担	由 1, 000, 000 到 1, 580, 000
48	2	每担	由 2, 400, 000 到 3, 600, 000
48	3	每担	由 4, 200, 000 到 4, 500, 000
48	4	每担	由 4, 500, 000 到 5, 000, 000
48	5	每担	由 5, 000, 000 到 7, 500, 000
48	6	每担	由 9, 000, 000 到 23, 000, 000

续表

年	月	每担	蒋币
48	7	每担	由 28,000,000 到 40,000,000

简单说，三七年一百元蒋币可以买一只牛，到四五年可以买一条鱼，到四八年只可以买一页榆树叶子。今天国民党统治区经济风潮，延续时间一次较一次长，而间歇期则越来越短，同时物价越涨越快，四八年第一次米价的起点为一百万元，而终点为一百五十八万元，第二次米价在两个月内由一百八十万元涨到四百五十万元，第三次连续三个月由五百万元涨到四千万元。事态的发展是明明白白的经济的崩溃和城乡的大骚动，将在我们的眼前迅即展开。蒋币暴跌、物价暴涨，工资永远赶不上物价。四七年十二月上海工人工资为六万八千二百倍，不及实际物价指数十五万倍的半数。到了本年四月米价每担四百五十万倍，比战前涨了四十三万倍，而工资才涨十万倍左右，一个工人的收入，不够买一石米，不够养活两个工人，所有的工人都在饥饿线上挣扎。目前的经济财潮，以美金而论，由本年二月十日的每元合蒋币一百七十万元，涨到四月二十五日的五百万元，就是说蒋币在十六天中，跌了一半以上，但在这个时间，工人工资是依然保持原状的，收入照旧，而货币购买力再降了一半，这不是把工人的收入又打了一个对折吗？国民党统治区工人生活没有办法维持是很显然的，以汉口工人来说，工资最高的每月只一石粮，最低的三斗粮，他们只好在吃光、当光、卖光的悲惨情况下挣扎。

第四，国民党统治区工人阶级反蒋、反美的英勇斗争

国民党统治区工人阶级，虽在层层压迫、缚手缚脚的法西斯统治下，他们没有屈服，没有丝毫软弱，他们始终在各种各样的方式下英勇的展开了反抗斗争。他们斗争目标，远远超过经济范围，提出了反对内战、要求和平，反蒋、反美和实行民主、和平、自由等政治口号。他们的目标和步调是和解放区工人阶级、和全国人民解放事业相一致的，那就是要推翻国民党统治的独裁及赶走支持这一反动统治的美帝国主义者，以争取工人阶级及一切被压迫阶级被压迫人民的解放。自抗战胜利后，上海工人保卫了工厂，他们就展开了反抗斗争，国民党统治区工业中心上海，自四五年十月到四六年三月，劳资纠纷达千余件，其中发生工潮罢工怠工的有七百五十五件，并有三区百货业工会，勇敢的检举国民党统治包庇的新新公司经理李泽汉奸行为。四六年三月国民党统治的上海市政府市长钱大钧，重申反动命令四则：1. 国营事业不得有罢工怠工行为；2. 罢工怠工如未经合法程序，应予取缔；3. 要求条件，如非今日生产状况所能接受者，应予拒绝；4. 非法越轨行为，应予制裁。同月京沪路工业区无锡城防指挥部决定“各厂工人，以后有煽动罢工者，决予枪决”。国民党统治工人的特务头子，社会部部长谷正纲于五月特来上海，重行宣布不得任意罢工怠工，煽动威胁者要依“法”严办。国民党上海市政府市长吴国桢，对工人说话时，用劲的拍着台子表示他压迫工人的决心。结果工人并没有因为这许多严厉法令而吓倒，他们继续着他们的抗争。四六年三月份就发生罢工怠工工潮二十二件，内中包括丝织工厂二百

家，机器工厂一百八十家，毛纺织厂十八家，印刷蒋币的中央印制厂一、二、三厂，酒菜业八十家，龙华飞机场汽车司机，铜匠木工，以及支持反动统治的美帝运输部中央分站与货运部司机四千四百人；四月份有蒋匪军政部军服制造厂四十家，人力车工友五万人罢工，西式木器工人二千余人怠工，公用局公共汽车停驶，草帽业全体工人罢工，江海关全体员工怠工；五月份有丝织工厂六百余家全部罢工，西服业几百家怠工，英商电车公司全部职工罢工，邮局员工一度怠工，中法求新造船厂全体工人怠工，上海市卫生局清道工友全体罢工，中国航空公司技工一千人怠工；六月份有南京高等法院上自推事下至院役全体罢工，各地纷起响应，重庆、广州、北平高等法院与地方法院采取一致行动，电影业九十家电影院职工怠工。四六年六月十九日在上海沪西工人福利社里有六十几个工人代表开会，代表沪西四十几家工厂决定组织“沪西工人反内战民主促进会”，他们坚决的表示“内战一天不停我们的任务一天没有完”。这是上海工人反对内战的第一炮，沪东工会跟上也组织了反内战民主促进会。六月二十三日上海有十万工人游行示威大声疾呼，喊出了“反对内战要求和平”的呼声，“上海各界反对内战人民代表晋京请愿团”火车被国民党铁路当局命令停止开出，铁路工人反抗了站长命令，自动的开动了火车，离开了上海北火车站，向南京前进。当时大家体会到了工人力量的伟大和工人阶级的英勇表现。工人唱着“反内战要和平”的歌声，在沪东沪西工业区随时可以听到，还有人编了一个反内战“四字经”，也是工人群众喜欢唱的。其词句如下：“八年抗战，一旦光明；可是不幸，直到如今，东北烽烟，遍地饥馑；四项诺言，没有下文；政治协商，更等于零；工业崩溃，厂家关门；美国货物，市面盈盈；官僚买办，笑脸相迎；民族工业，大喊救命；关税主权，交与外人，门户开放，内河航行，原因何在，内战残忍！人民呼声，充耳不闻。长此以往，中国何存，亡国灭种，歧途已临！全国同胞，不能再忍，团结起来，救亡图存，人民力量，制止罪行！从此弃戈，永久和平。”

在这次大游行里，居然有特务想在伟大行列里捣乱。当队伍游行到南京路、山东路口的时候，忽然有一个穿蓝短裤的人散起反动的小纸条来，被一个女工发现，他反向女工撩了一个耳光，这时大家都上去问情由，那个家伙就逃到一家店里，女工告诉了大家，许多人马上拥到那家店里，找了一会才从水缸边找了出来，拖到马路上。这时大众非常愤怒，这个坏蛋倒真坏透顶，自己已经作了丧良心的事情，还居然动手打人，大家都想给些颜色他看看，你一拳我一脚，总算由纠查队拦阻住了，结果把他用绳子绑了起来，再用墨笔在他的背上写了“坏蛋”二个字，押着游行示众。

这次游行中标语、旗帜、漫画、快报、传单，五花八门，形式众多，可以说打破历来游行请愿的新纪录。

呼喊口号也随机应变灵活非常，走过某大报馆，大喊：“请□□报拿出良心来说话！”、“新闻报导要真实！”经过市政府时喊：“打倒贪官污吏！”、“组织民主的联合政府！”在警察局门口即喊：“提高警员待遇！”、“取消警管制！”

四六年十一月上海几千摊贩为反对饥饿、反对压迫，包围了警察局抗议禁止摊贩非法命令，摊贩曾被惨杀。为了自由、为了生存，四七年五月，单是上海就有十五万人罢工游行示威，九月间上海交通工人继美商电力公司、法商水电公司职工为自由、为生存罢工以后，各路电车、公共汽车职工一齐响应。十二月间强迫美电、法电、英电等工会缴黑名单，工会坚持不缴，联合棉纺、丝织、毛纺、机器、针织六十工会，二百多理事抗议。

四七年国民党统治颁布了所谓“戡乱时期紧急治罪法”，又成立了特种刑事法庭。结果四七年一年内，参加斗争的工人在三百二十万以上，包括上海、天津、北平、武汉、杭州、宁波、青岛、济南、唐山、广州、汕头等二十几个大中城市。参加斗争的产业部门有水电、邮务、海关、交通、铁路、机器、纺织、化学、丝织、卷烟等五十余业。四七年上海工人协会五一宣言提出了：1. 要求民主和平，2. 要求保障人权，3. 要求解决生活指数，4. 要求工会民主化，5. 民营工厂争取劳资合作，6. 实行职工统一运动六项目标。四八年为反饥饿反压迫，上海有申新九厂男女工人七千五百人罢工四天，曾被蒋匪军警特务惨杀，工人拼命抵抗表现最为壮烈。四月份有京沪铁路工人三千余人，全部“卧轨罢工”，使此主要交通动脉顿时陷于停顿。国民党统治区工人阶级经受了这几年来国民党政府所赐予的一切，他们的阶级意识、政治觉悟已大大的提高了。今天他们陷在生活饥馑中，他们了解了这不仅是一个经济问题，而是一个独裁与民主、内战与和平的政治问题。所以他们虽在蒋家匪帮血腥刺刀威胁下，他们为着反对内战，反对饥饿，为着反对国民党独裁统治，为着反对美国帝国主义侵略中国，他们不愿做亡国奴，他们展开着爱国民主运动斗争，来响应人民领袖毛主席领导的人民解放伟大革命事业。他们对于人民解放军的胜利进攻，非常欢迎鼓舞，他们正在积聚力量等待着配合人民解放军，解放各大城市，争取全国人民最后解放的胜利。

第五，劳协为全国工人阶级的民主团结与人权保障的斗争

中国劳动协会（简称劳协）于一九三五年成立于上海，在抗战中长大起来的。三七年自上海沦陷后劳协先迁汉口，而后重庆，同时派员到香港、广州、长沙、桂林、重庆、郑州、开封等地，与各地工人联络，扩大工人抗战力量，劳协在统一战线下，决定了全国工人不分党派、地区、帮口，民主团结从事抗战工作，在汉口与陕甘宁边区总工会共同发起全国工人抗敌总会，当时上海、南京、广州、长沙、开封等地总工会代表，包括机器、海员、邮务、纺织、铁路、电信、卷烟等产业部门，纷纷来汉，参加成立大会，国民党统治深恐工人抗战力量增大，加以摧残，全国工人抗战总会无法成立，虽在分化工人团结政治压迫下，国民党统治区工人与边区工人仍建立了关系，陕甘宁边区总工会代表廖似光、刘群先参加了劳协工作，我们共同决定了“敌后破坏生产、大后方增加生产”的劳工政策。抗战初起的时候，沿海各地工人，如上海、南京、广州、天津等处技工，在抗战第一、胜利第一决心下，纷纷向内地迁移、搬运机器，帮助政府建立战时工业生产基础，当时中国抗战初期，除苏联接济外，还是孤立的，所以后方工人制造一支步枪、一个手榴弹都是有用的，至于沦陷区的工人，他们一方面过着痛苦的生活，同时作反抗敌人的工作，以上海来说，有丝织工人王世雄、电器工人周纪棠被敌人惨杀。劳协搬到了重庆，在这个政策下号召工人增加生产，作为加强抗战力量的中心任务，

协助了沦陷区四千一百三十余位技术工人到后方各地，积极帮助有关抗战生产和举办工人福利的事业，补助工人医药、文化、生活上的困难。一九三九年劳协即参加国际工会（那时世界工联尚未成立），并进行对同盟国家工人宣传与联络工作，让国际工人了解中国工人阶级在敌后与大后方的种种艰苦英勇奋斗，并反对美国帝国主义用煤油废铁接济日寇，当时引起同盟国家民主工会组织的同情，用他们的行动来阻止煤油废铁接济日寇。一九三九年六月参加国际劳工大会，全体劳方代表（工会代表）作了下列决议："参加一九三九年国际劳工大会代表，对中国人民与劳动阶级过去二年中英勇抵抗日本侵略，谨致其深切的同情与团结一致之热忱。全世界工人均竭诚援助中国勇敢的人民，全世界工人深信中国人民尤其是中国工农阶级，目前的牺牲断非虚掷，中国必能保持其独立，并能自侵略手中收复被占土地，得到解放。"各国运输工人罢运废铁煤油赴日英勇斗争，接踵而起。如法国马赛码头工人，英之利物浦运输工人，美之旧金山海员与码头工人，以及澳大利亚之码头工人等，反对他们政府接济日寇，有很大英勇罢运运动。劳协始终站在工人运动团结统一立场。一九四四年中、苏、美、英、法发起之世界职工大会，一九四五年九月在巴黎举行的时候，国民党当局拒绝发给解放区职工联合总会筹备会主任邓发同志出国护照，劳协坚持与解放区职工代表一同出国为出席条件，结果争到了这个胜利目的。邓发同志，将解放区的九十二万职工全部参加劳协。在最盛时期，参加劳协的工人组织，有各地九十余单位，拥有会员二百一十七万五千一百七十七人。邓发同志代表了中国职工在大会中发表生动演讲，博得国际上的赞美。大会上邓发同志与劳协代表都被选为理事，劳协代表并被选为世界工联副主席。邓发与劳协代表同时于四六年一月二十三日返抵上海，邓发同志发表了对于大会的谈话如下：“这次大会各国参加的劳工总数达六千万人，与过去‘国际工会联合会’不同的是苏联二千七百万劳工也加入了。这次大会最重要的成就，是全世界职工联合起来，参加世界的和平机构，以防止第三次世界大战，维持国际和平。在大会中与朱学范保持密切的合作，提案与会场发言，事前都经过双方商讨和同意，希望中国职工以此为契机实行民主统一化的大团结。”邓发同志于飞机遇难后，刘宁一同志代表了解放区职工总会与劳协代表共同出席了四六年六月在莫斯科召开的世界工联执行委员会，与四七年六月在捷克布拉格召开的世界工联理事会，始终与劳协与解放区职工会保持着团结统一的联系。抗战胜利后，大后方的工业顿时萎缩，抗战有功之大后方工人受到了失业与流落异乡的悲惨遭遇，国民党统治置之不顾，劳协支持后方工人要求解雇金、失业救济金与回乡川资等抗争，并帮助他们回籍等工作。自四五年九月起至四六年一月底止，在重庆一地，斗争波及了一百七十三家工厂约计六七万工人。劳协接受了中国共产党及其他民主党派的“和平、民主、团结、统一”的政治主张，拥护了“政治协商会议”决议，四六年一月三十日“政协”闭幕的一天，劳协商同邓发同志的意见，通过并发表了二十三项对当前政治的要求和主张，大意如下：“（1）迅速实现彻底保障人民身体、信仰、言论、集会、结社、居住、通讯等自由。（2）迅速召开真正民选的国民大会，工人代表应有明文规定。（3）扩大政府基础，由各党派及社会民主人士平等有效参加政府一切机构。（4）彻底消除内战。（5）惩办贪官污吏，处治汉奸，审判战争罪犯，迅速解除敌人武装，遣送回国，妥为解散伪军。（6）根据第一期经济建设原则，确定国营范围，保护民营工业，反对官僚资本。（7）清查敌伪资产，严办接收贪污人员，迅速恢复光复区工业生产。（8）解决土地问题、实行二五减租，禁止高利贷，反对土豪劣绅压迫农民，提高农民生活，实现耕者有其田。（9）修改工会法，废止限制劳工的法令，反对派遣工会特派员、工会书记、工会整理委员，工人（包括军火业工人）有自由组织工会的权利。（10）组织全国工会联合会，各业工人应成立全国性产业职工会。（11）工人有罢工、请愿、游行和团体契约的权利。（12）国营工厂工人，有参加管理的权利。（13）民营工厂应推行工厂会议制度，协调劳资关系。（14）工人有工作的权利，政府应拟定充分就业计划借以保证。（15）根据各地物价指数，以必需生活费用为标准，规定最低工资，并实行不分性别，同工同酬。（16）改善工人福利，关于工厂安全及卫生设备，应厉行工矿检查制度。（17）保护童工、女工，严禁作深夜工，职工补习教育费用由厂方负担，女工产假期间应照给工资。（18）反对包工及包身工制。（19）规定一周工作四十八小时制，及休息放假办法。（20）推行工人补习教育及技术训练，反对学徒制。（21）举办年老、伤害、健康等劳动保险。（22）失业救济除消极的发给救济金、救济物资，及遣送回籍外，应定积极的救济办法，补助工人转业就业。（23）对抗战有功与受伤工人及殉职工人遗属，应定奖励与褒恤办法。”劳协根据了所发表的政治主张，工人包括军火工人有自由组织工会的权利，把国民党统治区的素来不准组织之兵工厂工人如发生惨案之大渡口第三兵工厂，第五十、第十五等兵工厂，南京兵工厂工人都组织起来了，引起了国民党统治的妒忌。劳协坚持参加了较场口庆祝政治协商会议成功大会，当时劳协会员白树勋、冉瑞武、陈培志等四人与李公朴、郭沫若先生等同时被国民党反动派刘野樵、方治事先布置的特务打伤。较场口血案第二天，国民党反动派的中央日报，仍以中央社消息刊登较场口血案，竟颠倒歪曲的报道，说什么“陶行知唆使‘育才小学校’学生开打，朱学范在台上把帽子一挥，劳动协会就开始大打，刘野樵也光荣负伤了”。这是无耻的造谣言，这还不算，又隔几天，重庆地方法院忽然送来传票，将劳协书记长易礼容与章乃器、陶行知、李公朴、施复亮与本人六人列为被告，诬为“侵害人民集会自由权利”并“殴伤”特务刘野樵罪名。劳协始终坚持了为中国独立和平民主与工运团结统一而奋斗到底的目标。当由重庆迁往了上海后，四六年八月六日，重庆特务包办的所谓“重庆总工会”代表及特务二三百人由陈铁夫、吴志恒带头，清早五时就开始包围，分五路进攻，带了短枪、猎狗冲进了大门，“武装接收”劳协重庆办事处及附属之工人福利社、劳工医院、托儿所、工人文化服务站。当时医院里的病人，与工人家属的产妇都被他们由病床上拖起来，并将劳协福利社主任周颖同志及干部三十八人拘捕。用美式吉普车押解警察局侦缉队私刑逼供。同时劳协在西安、开封、汉口、桂林、天津等地的机关也都被封。这事件引起了全国劳工阶级，以及世界职工联合会的抗议。劳协书记长易礼容与本人等被重庆法院提出“公诉”。特务包办之“重庆总工会”控告易与本人等“鼓动工潮，妨害治安，密运枪械，组织暗杀团，调查驻军番号，阴谋内乱及贪污”等罪名。暗的一套是施用压力，明的一套是提出假“独立”的司法，可以判罪，可以拘捕。在双管齐下的压力下来压迫劳协就范，使其走上反民主的反群众的独裁路线。劳协坚决的拒绝了发表“反共宣言”及排斥“解放区职工联合会”。劳协反对了国民党反动派破坏政协决定召开的傀儡伪国大，拒绝出席伪国大，并发表公开声明反对伪国大，揭破国民党统治摧残劳工阶级团结的阴谋。劳协负责人易礼容等被迫离开了国民党统治区，到达了香港。在国民党统治区威吓恐怖的形势下，劳协已不可能再有公开的活动，故与解放区职工联合会筹备会主任刘宁一共同决定，将劳协总会迁移香港，为争取中国民主政治和工人自由组织继续奋斗到底。国民党统治特务没有放松了劳协负责人，易礼容等被国民党统治法院宣布通缉了。这种国民党反动派无耻手段，使国内外劳工阶级及民主党派对劳协引起了无限同情，对国民党统治增加了痛恨。世界工联支持了劳协职工民主运动斗争，在四七年六月布拉格世界工联理事会一致通过的下列决议案中称：“中国英勇的劳动人民为了争取组织自由职工会的权利，已用自己的鲜血付出了代价。世界工联积极援助中国劳动人民为自身权利而进行的斗争，世界工联承认目前在香港的劳协，是该劳协的真正中心机关。并支持劳协努力为劳动人民争取加入职工会的自由权利，和他们的基本经济权利与人权保障而坚决奋斗。”这是世界工联否定了国民党统治区一班工棍子的非法篡窃劳协的行为。劳协响应了中国共产党领导的民主革命斗争，拥护了这一彻底粉碎国民党统治的政权，反对美国帝国主义侵略中国的民主革命的统一战线。劳协于四八年一月在伦敦发表对时局宣言，提出四项主张："1. 拥护消灭国民党统治区政权的民主革命事业。2. 拥护及帮助全国农民实行土地改革彻底废除封建制度。3. 拥护一切为民主而奋斗的政治力量，来造成中国人民的爱国统一战线。4. 反对魏德迈计划及马歇尔计划。"一月十二日刘宁一同志与劳协代表由伦敦函世界工联总秘书赛扬，提出中国劳协建议世界工联采取反对马歇尔计划的行动的提案书。劳协始终坚持了工人阶级团结统一立场，与坚持了中国独立民主和平的政策主张，不为利诱，不为威屈。坚决拥护共产党及毛主席的主张：彻底粉碎国民党统治的政权，取消美国帝国主义在中国的特权，建立新民主主义的人民共和国。

根据以上的情形，完全可以证明，目前国民党的统治，是颓废、腐败、无能、反动的反人民统治，而它的内部亦处在分崩离析的局面下，互相勾心斗角，争权夺利。过去蒋介石还能买空卖空欺骗国际国内，现在破产了，现在已为全国人民所唾弃，只有毛主席才是全国人民所信仰的救星。

国民党反动统治现在显得很空虚，他们贪生怕死，特务头子康泽在襄阳狼狈被俘的情形即其一例。在这种四面楚歌草木皆兵的情况下，他们唯一的办法，就是用疯狂残酷的手段来对付人民。但是国民党统治区的工人和被压迫人民威武不屈英勇斗争，正积极准备迎接解放军的到来。在敌人失败时他们一定会保护机器，不仅大的机器、轮带他们要保护，即使一个螺丝钉也是宝贵的，因为他们懂得这是属于人民的了。他们一定会很快的恢复交通、电讯、邮务，他们也一定同意派遣技术工人参加解放区的生产。

国民党统治区的工人阶级，现正用最大的决心反对美帝国主义侵略中国，推翻国民党的反动统治，他们相信：只有在共产党领导下，建立新民主主义新中国，工人阶级及全国人民才能得到真正的自由解放。

最后我高呼：国民党反动统治一定消灭，新民主主义革命一定胜利！

（1948 年 8 月）

（中华全国总工会中国工人运动史研究室编：《中国工会历次代表大会文献》，工人出版社，1984 年，第 428–449 页）

上海职工运动的报告

欧阳祖润

从一九四五年日本投降以后，上海职工的反蒋反美斗争可以分为三个阶段。

第一阶段：是从“八一五”后的护厂复工运动到一九四六年六月二十三日反内战要和平的斗争高潮。

从日寇投降头一天起，上海职工便开展了护厂、肃奸斗争。以沪东沪西两工业区的机器工人、纱厂工人为首，发动了对汉奸、走狗的斗争。斗争继续了三四个月，工人得到了救济金、解散费、胜利金及米布油等物资，并组织了武装纠察队，夺取日军的枪枝，日夜看守工厂仓库，保存了大宗原料，保护了纱厂（上海的纱锭有二百多万，占全国半数）、机器厂、造船厂等。沪东区工人并组织了十八个大厂的联合纠察队指挥部，在重要路口孔道检查巡逻，防止了敌伪的偷运。当时上海工人是准备迎接解放上海的新四军的。但为了争取和平民主，新四军没有进占上海，忍痛向苏北撤退。而国民党的“劫收”大员却从天上飞来，从地下钻出来把工厂仓库“劫收”了。上海工人把自己保护下来的工厂交给他们，只提出一个要求——“立刻开工”。但是“劫收”大员将工厂仓库抢到手，白天在前门贴封条，夜晚便从后门把物资机器用卡车偷运走，有的甚至放一把火消灭痕迹。如北四川路底日军司令部军用物资的变卖，如茂昌冷藏库、黄浦仓库的怪火，便是上海人民周知的“劫收”贪污大罪案。大的企业工厂则都被国民党官僚资本所“劫收”，组织所谓中纺、中蚕、毛纺等公司，实行全面统制，剩下一些破烂不堪的旧厂，才折价卖给民族资本家。这些大员忙于“劫收”，不但不谈开工，反污蔑要求开工的工人是“伪工人”，于是部分工人中对国民党残存的幻想也都破灭了。工人们进一步组织起来，进行了胜利后第一次的示威游行，高呼“贪官发财，工人遭殃”、“抗战胜利，工厂关门”等口号。结果，工人胜利地争取了在年底复工。

复工斗争虽然胜利了，但工人生活仍没有保障。如米价比战前涨了四十万倍，而工资才增十万倍。因而全沪各业各厂普遍展开了增加底薪、按生活指数计算工资，要求组织工会自由、年赏、福利等的罢工斗争。从胜利日始截至第二年四月止，先后有十一月全市公私营纺织厂十余万工人的联合大罢工，迫使资方接受了工人的十八个条件。首先，蒋匪国营企业中有江海关、四行职工、新华飞机场的罢工，电讯职工的罢工，卫生局三千余清道夫的扫帚游行，粪夫的粪车游行，以及市府全体公务员的总罢职。其次则有法商水电工人、英商水电工人及煤气工人、美商电力工人等的罢工，继之卷入的有机器、印刷、毛纺、六大百货公司、五金等行业，连封建帮会统治较深的浴室业、理发业、旅馆业、皮鞋匠等也都参加了。这些罢工，或数小时，或数天，或数月，虽遭到镇压，但大都取得了胜利。这是日本投降以来空前的一次罢工潮。仅有中央印刷厂的罢工，被国民党反动派用军警封锁镇压下去，开除并逮捕了一百余职工。

除了生活斗争之外，上海职工又展开检举汉奸以及要求民主的运动。如新新公司职工检举曾勾结日寇搜刮棉铁物资并曾任伪商统会理事的该公司经理李泽，康元制罐厂职工检举该厂经理伪咨询委员项康，暴露了国民党反动集团庇护汉奸的卖国罪行。一九四六年四月上海纱厂女工为反对国民党十年前圈定的国大代表而举行了一次民意测验，选举自己的女国大代表，准备参加政协路线下的国大，此次参加大会的上海代表团汤桂芬同志光荣当选。“五一”节，上海工人举行了包括二百多单位近十万人的游行庆祝大会，并先后举行了纪念“四八”烈士和昆明“一二一”民主烈士于再的追悼大会。

从不断的斗争中，上海职工自己组织起了强大的队伍，建立了代表工人利益领导工人斗争的民主工会，锻炼出许多优秀的职工领袖，都获得广大工人的拥护。

一九四六年六月初，上海工人阶级和学生与民主人士、民族资本家，组织了反内战、要和平的统一战线。六月二十三日，全市各业将近十万工人参加了反内战的示威游行，集合在北站，欢送请愿代表团赴南京，要求蒋介石停止内战，实行政协决议。国民党军、警、宪、特虽武装出动，准备破坏，终慑于群众浩大的声势，未敢动手。而铁路工人更英勇地拒绝站长不许开车的命令，自动将火车开出北站，驶往南京。

在第一阶段的斗争中，上海的职工组织了自己的队伍，得到了生活的改善，表现了工人力量，提高了斗争信心，认清了国民党反动集团和美帝国主义的面目，开始从以经济为主的斗争走上明确的反蒋反美斗争的道路。

第二阶段：从“六二三”大游行到一九四七年九月的市政企业工人大罢工。

工人在这一期间的斗争，更加具有明确和坚决的反对美帝国主义及国民党反动集团的政治斗争的性质。在斗争中大大教育了上海的职工和人民，进一步锻炼了职工队伍，更丰富了斗争经验，而在军车上节节失败的国民党反动集团对职工运动也从秘密破坏变为公开的逮捕和屠杀。

一九四六年七月，上海二百多家丝厂工人掀起了两个月的罢工。这是抗战胜利后最长的一次罢工。结果获得胜利，工人争得了依生活指数计算工资。

一九四七年二月，上海三区的百货业工会，以永安、新新等六大公司为首，为反对美货倾销，为挽救民族工商业危机，发起了爱用国货抵制美货运动。二月九日召开扩大会议，到会职工代表及厂商代表四百余人，会上并有郭沫若、邓初民、马寅初等民主人士演讲。国民党当局竟派五百余打手冲进会场，逢人便打，见物就毁，二十余名百货业职工受重伤，永安公司职工梁仁达当天下午因伤重逝世。第二天，百货工会便展开了向反动派统治者的反击，成立梁仁达治丧委员会，上海社会人士及各界职工也纷起组织梁仁达烈士惨案后援会。国民党反动派见职工声势壮大，一面手忙脚乱的想以一万万元收买梁仁达家属，遭到了严正的拒绝；一面不得不答应惩办凶手。

这时国民党反动集团实行了所谓“经济紧急措施”，把生活指数冻结在一九四六年十二月水平，职工生活困难而毫无保障，愈趋恶化。五月一日，国民党上海市长吴国桢、社会部长谷正纲、上海国民党主委方治等，僭用这个伟大的节日，压迫工人参加纪念会，规定了反共口号，企图组织一个反共示威游行。但工人们即在这次大会上喊出了“解冻生活指数”、“反对冻结生活指数”的口号。这些口号，喊出了上海广大劳动群众的最迫切要求。于是先后爆发了机器、丝织工人、美电、法电、棉纺等工厂的抗议冻结生活指数的示威游行，当法电工友在上海国民党社会局请愿时，恰巧和两市中学生反对科举式的会考的请愿相遇，两个队伍就汇合在一起，互相喊出对方口号，结果双方都争取得了胜利。

此后，上海职工斗争即深入帝国主义经营的企业和国民党市政府的企业，连续进行了要求职业保障、反对逮捕、保障人权等斗争。九月底国民党反动集团企图在上海工厂抽丁，并向工人抽工资所得税，当激起了六大市政企业的反抗斗争，获得广大市民的同情和拥护，获得了胜利。

九月二十二日，电力职工全体二千余人，为抗议国民党特务逮捕“电工月报”的六位编辑，齐集社会局请愿。国民党特务头子郑介民、吴国桢、宣铁吾等曾布置了对上海工人的大规模迫害。是晚，即大肆逮捕电力工会代表和积极分子。二十五日，国民党社会局又命令解散电力工会，并公布通缉工会领袖名单。接着，查封了三区百货业工会，捕去数十人。但工人们的反抗斗争也更加坚决英勇。二十七日，法电工人为反抗交出工会积极分子名单，举行罢工，坚持了一个星期。国民党军警和工贼进工厂，企图破坏罢工，遭到了工人纠察队及工人的坚决的抗拒。当时工人被捕去九十六人，但罢工仍坚持着。国民党社会局于是又下令解散法电工会。这时，全上海均在国民党军、警、宪、特的恐怖笼罩下，但工人的英勇斗争，仍此伏彼起。十月六日，上海民主工会二百余领袖即联名发表了反对国民党反动集团迫害的抗议书，同时，许多被通缉的工会领袖不得不暂时与工人们分别。当这些被迫出走的工会领袖与工友们话别时，工友们都激昂的说："你们去吧，人民解放军到来的时候，我们又可以见面的！"

第三阶段：不屈不挠对抗敌人的公开逮捕和屠杀。

继九月大罢工后，不管国民党统治者怎样公开恐怖镇压，十月又爆发了大陆铁厂罢工，胜利的打击了资方与官僚资本勾结将机器向广东转移的阴谋（反动统治者企图在华南建立他们最后的基地）。上海伪总工会为了建造会所，要工人捐款，特务头子陆京士事先大宴工会代表，想从中笼络收买，十一月十二日，伪总工会召集各工会代表开会，但大家依然否决了捐款的提议。代表们齐说："我们代表工人利益，不能出卖工人，不然就要挨打。"说后一哄而散。陆京士哭笑不得，暴跳如雷，下令各厂资方扣除工人工资作为伪总工会建立费，有些帝国主义和官僚资本的厂方执行了他的命令，但工人马上罢工抗议，资方只得照数补发。直到现在，伪总工会还只得住在原来那所破庙里。

今年一月，又发生了万余舞业职工反对国民党社会局封闭舞厅，威胁勒索巨款的斗争。

此后不久，就发生了申新九厂工人英勇卓绝的抵抗军警屠杀的斗争。申新九厂是上海最大的纱厂，有职工七千五百余，其中五分之四都是女工。一月二十八日（阴历年夜），该厂职工为了反抗资方克扣配给米、所得税，反抗厂方无理压迫工人，举行了罢工。七千余工人组织得很严密，有纠察队维持秩序，有歌咏、话剧队等进行教育和娱乐活动。二月二日上午，五千余名军警特务和警备司令部的武装部队、坦克车、机关枪、美式卡宾、催泪弹以及马队，就把工厂四面包围，特务头子陆京士、宣铁吾等在铁甲车上向罢工群众说："你们别受共产党利用，快回家过年。"工人一致的回答是："我们要生活，不管什么党，谁为工人谋福利，我们就拥护谁。"这些特务头子见威胁和欺骗都不能动摇工人的决心，至晚五时半，宣铁吾下令吹冲锋号，指挥军警向工人进攻。一辆辆装甲车先冲开了工厂大门，机枪向徒手工人齐扫，并施放了催泪弹。工人们的血都沸腾起来了。有一个工友立即跳上工厂的大卡车，开足马力向装甲车冲去，终于把装甲车冲出厂外。一时数千工人也都用铁棍、石头和机器零件，拼命向军警投掷；在屋顶上的女工们，用水龙向下冲，用一切拿得动的东西向下掷。工人一批批的倒下去，一批批地又冲上来。但工人的血肉当然抵不住机枪坦克和催泪弹，终于被军警冲进了工厂。残酷的屠杀进行了二小时，死伤工友一百余人，被捕的二百多人，被开除的工人一千余。现尚有三十八人被囚在牢里。一位女工纠察队长被捕后，受着严刑拷打，要她供出罢工领袖和纠察队名单，但她始终一字不吐，野兽们把她的手指甲都拔了出来，但她只叫喊着："工友们要记住这场惨案！"

事后国民党反动集团封锁新闻，说只死伤三人。但他们封不住七千工人的嘴，这空前的惨案马上传遍了上海，传遍了全国，并震动了世界的职工！

上海各业工人队及学生，痛愤地组织了募捐支援，并规定于二月二十二日下午二时二十二分，全上海工友，学生佩带二寸二分宽的黑纱，纪念二二惨案。同时组织了“申九事件后援会”，准备为死难烈士开追悼会。国民党反动集团一面严禁人民戴黑纱；一面更阴谋破坏追悼会，在追悼会召开的前夜，逮捕了各业工人领袖二百余人。逮捕的恐怖行动继续一星期之久。

不管国民党反动集团怎样屠杀和镇压，工人不但丝毫没有畏惧退让，相反地采取了各种各样更巧妙的斗争方式。今年四月，京沪铁路工人进行了“哑工”斗争。工人齐至铁轨上一言不发，国民党当局派人来干涉，没有一个人吭声。他们就利用这种巧妙的方式，保卫了工人领袖，取得了增加工资的胜利。

上海职工，在重重压迫下面，始终没有屈服；始终没有消极失望，相反的，他们的队伍是更强大、更有力量了。他们已经付出了代价，并且深信先烈的血并没有白流，他们都知道人民解放军前去解放他们的日子已不远了。

（1948 年 8 月）

（中华全国总工会中国工人运动史研究室编：《中国工会历次代表大会文献》，工人出版社，1984 年，第 449–455 页）

刘宁一同志关于国际职工运动工作的报告（摘要）

刘宁一同志报告指出，中国工人阶级今天已在国际职工运动中取得光辉的地位，今后在世界职工运动中的重要性更将逐渐增加。报告指出中国工人阶级与人民在反对美帝国主义与国民党反动派斗争中获得的伟大胜利，震动了全世界，成为世界工人阶级为和平、民主、自由斗争的一支有力的大军。毛泽东思想已被全世界进步人士公认为是马列主义的向前发展的最好代表之一。而国外的华侨华工对于反对美帝、反对官僚资本、反对封建势力也尽了很大努力，做了很多工作；特别是在世界反法西斯战争中，英勇地参加了当地的反法西斯战线，极为各国工人兄弟所尊敬。

刘宁一同志叙述世界职工联合会的成立与中国职工会加入的经过说：世界职工联合会系于一九四五年九月在巴黎世界职工代表大会上所建立的世界工人的统一组织。它包括有五十三个会员国，六十四个单位，七千万会员。它有一个统一的会章，其宗旨规定为：团结与统一全世界职工，为根绝一切法西斯政权及各式各样的法西斯主义，为反对战争建立世界永久和平而斗争。宁一同志说：提到中国职工会参加世界职工联合会，不得不追念我们的邓发同志，一九四五年九月，邓发同志冲破国民党政府百般阻挠到了巴黎，于是解放区工联会与中国劳动协会便以统一姿态出席参加世界职工联合会。邓发同志在世界职工对中国职工的尊敬爱戴和关怀中，开始与各国工人领袖和海外侨胞建立联系。他为世界工运之统一及中国工运之统一，建立了永垂不朽的功绩。

报告阐述目前世界职工所处的两种不同的政治经济生活状况称：现在世界上几种不同类型的国家，基本上属于两个范畴：一个是帝国主义的反民主的世界，在那里职工的政治经济权利被剥夺，面临着饥饿、失业、恐怖和战争的威胁；一个是以苏联为首的包括各新民主主义国家蒸蒸日上的民主、和平、自由、幸福的世界，这里的广大人民在政治经济上得到光荣的地位，成了国家社会的主人翁。报告指出：这两种不同制度下的职工运动的任务是：在社会主义国家及新民主主义国家进行生产建设；在资本主义国家反对压迫、反对剥削，争取生活的改善，在殖民地半殖民地国家反对美帝及其走狗，争取民族独立与民主解放。宁一同志兴奋的介绍以苏联为领导的各民主国家职工的组织和力量，他说：全世界人民的力量已汇成一个巨流，在斯大林同志与各国共产党的领导下，向着一个民主、和平、幸福的总目标迈进，谁要来阻止这个力量，谁就走向灭亡。

报告指出：世界反动统治者们虽竭力集结一批各种垄断资本家、军火商和一批奴才走向蒋介石之流组成反动集团，企图欺骗和分裂世界职工的团结统一，比如他们正在千方百计笼络一部分工人中的败类，作为推行马歇尔侵略战争计划的工具，但是世界职工在苏联职工会明确的主张和领导下，深知这一诡计，于是反动集团的分裂活动，只能使工会中一部分极少数动摇不定分子脱离工人群众，而使绝大部分走到民主阵营里来，这就更加强了工人阶级的团结统一。

报告最后在国外职工工作的经验教训中指出：

一、依靠国内人民的斗争力量；依靠苏联和各国民主工会的帮助；依靠各国华侨华工；依靠国际主义的胜利与国际职工力量的强大。

二、忠实于国际无产阶级就是忠实于自己的民族。

三、要用慎重的学习态度戒骄戒躁总结国内经验教训，加强国内职工运动，就是加强我们在国外的影响。加倍努力学习，严格组织纪律，经常的自我批评。

四、培养对外工作的干部，迎接全国胜利的到来。

五、与各国工人阶级密切联系，巩固与扩大反美统一战线，拥护世界工联会，为坚决世界工联统一和平原则斗争到底。

（1948年8月）

（中华全国总工会中国工人运动史研究室编：《中国工会历次代表大会文献》，工人出版社，1984年，第455-457页）

劳代资格审查结果

劳大代表资格审查委员会李颉伯在六日劳动大会上报告代表资格审查结果如下：截至六日止，大会报到代表共五百一十九人，除十四人因报到较晚尚待审查外，其余五百零五人中五百零四人审查合格，只牡丹江代表姜培功一人，因以下理由被否定其代表资格。（一）姜在东北解放前曾在间岛省三道沟煤矿当把头（专门对工人作额外剥削，不同于一般工头），经常打骂工人，外号“姜阎王”；（二）姜之当代表不合代表产生手续。已审查合格的代表中：（一）性别：男四七二名，女三二名。（二）籍贯：包括三十个省份（或地区），其中以山东、河北人最多。（三）文化程度：不识字的四十九名，能阅读一般书报者九十名，初小一三六名，高小一三四名，初中四六名，高中一八名，师范九名，专门学校三名，大学一七名。（四）工人、职员人数比较：工人三八一，职员一二三。（五）职务：各级工会主任一九零名，工会部长二八名，工会委员一二三名，普通会员一六三名。（六）加入工会时间：日本投降后加入工会者三九八名，抗战八年中加入工会者六六名，十年内战中加入工会者一四名，一九二二年——一九二七年加入工会者二六名。（七）在革命斗争中曾为反动统治阶级逮捕入狱者二十人。曾直接参加革命战争者六十八人，内光荣负伤者二十四人。李颉伯称：根据审查结果，说明大会代表之普遍性，更说明了在近二三年来，随着解放战争胜利职工运动的迅速发展。

（《第六次全国劳动大会》，华东新华书店，1949 年，第 10–11 页）

关于中国职工运动当前任务的决议

第一章　中国职工运动的总任务

第一节

在第二次世界大战结束以后，由于美国帝国主义代替日本帝国主义，对中国实行横暴侵略，和国民党反动派政府实行内战独裁与卖国的政策，已经把全国人民陷于长期战争的痛苦之中。而中国的工人阶级，除开在解放区者业已得到民主解放以外，其所受的压迫和痛苦，则又最为严重。在这种情形下，全国人民除开团结一致，坚决推翻国民党的反动统治，取消美帝国主义在中国的特权，并从而建立各民主阶级联合的新民主主义的政权而外，就不能有任何其他的出路。而中国的工人阶级，如果不尽一切努力去完成现在反对美帝和国民党反动政府的新民主主义的革命，就不能使它自己目前所处的悲惨状况有所改善。因此，彻底推翻帝国主义及其走狗在中国的统治，建立新民主主义的人民共和国，乃是改善工人阶级及其他民主阶级人民目前状况的总前题；乃是工人阶级及其他民主阶级人民当前的最高利益与最高任务。在这个伟大斗争中，中国的工人阶级应该而且必须站在最前列，并使自己成为各民主阶级人民革命的领导者。只有中国的工人阶级在目前新民主主义革命的伟大斗争中极其紧张的年头，自己完全团结一致并充分表现了自己的革命能力和自我牺牲的奋斗精神，因而对于这个革命给以决定的贡献，成为人民公认的毫无愧色的领袖时，工人阶级才能保持和巩固在这个革命中所取得的胜利；并在这种胜利的基础上去希望和准备较远的社会主义的前途；而社会主义则是能够彻底解放工人阶级和一切劳动人民的。

第二节

由于中国共产党和毛泽东同志英明而正确的领导；由于中国人民解放军的英勇善战；由于解放区全体人民及国民党统治区广大人民群众不顾牺牲的努力和奋斗，已经使中国人民的革命战争取得了极其伟大的胜利。人民解放军在两年空前规模和空前激烈的战争中，已经消灭蒋介石的反动军队二百六十余万，连同在抗日时期被解放者在内，共解放了一万万六千八百万人民。人民解放军不独是完全打退了美国援助的国民党反动政府向解放区的进攻，而且掌握了战争的主动权，向国民党统治区举行了强大的进攻，使敌人完全处于被动，使国民党反动政府的统治走到摇摇欲坠和土崩瓦解的边缘。在这种形势下，为着保存美国帝国主义及其走狗国民党反动政府在中国的统治；为着保存现有的反动军队及地盘，获得喘息时间休整补充，以利再战并消灭人民解放军及中国一切民主力量之目的。美国帝国主义者正准备策动和组织一个欺骗中国人民的和平阴谋，策动某些反动的军人政客以及所谓中间派的右翼分子，准备发动虚伪的“和平”运动，甚至不惜在表面上去掉蒋介石，以表示他们求“和平”的“诚意”。目前中国工人阶级的首要任务就是要尽一切的努力，紧密的团结全国人民，在各方面坚决的支援人民解放军，尽可能迅速地在全国范围内战胜美国帝国主义及其走狗国民党反动政府，解放全中国的人民，统一全中国。当着美帝国主义者及其走狗们发动虚伪的和平阴谋时，必须向人民揭露其欺骗性，击破任何假和平运动，将其转变为争取真和平的运动。本届劳动大会完全相信，经过中国工人阶级与全国人民团结一致的努力和人民解放军的继续奋斗，而这一个伟大目标的实现已经是不很远了。

第三节

大会在听了中共东北中央局代表报告之后，完全同意中共中央在目前革命中所采取的总路线和各种政策。这就是说中国目前阶段的革命是无产阶级领导的人民大众的反对帝国主义、封建主义和官僚资本主义的新民主主义的革命。这就是说，中国工人阶级必须首先团结自己，并团结农民、独立劳动者、自由职业者、知识分子、自由资产阶级及开明士绅建立反对美国帝国主义及其走狗国民党反动政府的民族统一战线，建立所有各民主阶级联合专政的人民民主共和国。这就是说，中国各民主党派、各人民团体及无党派的民主人士应在适当时机召开没有反动派参加的反对美国帝国主义及其走狗国民党反动政府的革命的政治协商会议，讨论并实现召集人民代表大会，组织民主联合政府，支援人民解放战争，揭破敌人和平阴谋，争取战争的最后胜利，争取全国人民的真正的永久的和平。这就是说，在农村中实行土地改革，平分地主阶级与封建性富农的土地；在城市中没收官僚资本，保护民族工商业，并实行发展生产、繁荣经济、公私兼顾、劳资两利的政策。大会号召全国一切职工及职工团体，积极参加共产党所提议的这些革命活动、革命组织、革命政权和革命政策，并遵照上述路线和主张去进行工作。

第二章　关于国民党统治区职工运动的任务

第一节

为了实现上述目的，在国民党统治区的职工运动，应比以往任何时期都要更加善于联系群众，聚积力量扩大队伍，以便迎接人民解放军的到来。同时应尽一切可能，谨慎的支援和参加国民党统治区一切人民群众的革命运动，对蒋介石的军火制造与军事运输给以可能的阻碍。

第二节

国民党统治区职工们的生活状况及其所受压迫，比以往任何时期都更加悲惨和黑暗，这就逼得职工们不能不经常进行救死求生的斗争，应该有更加坚固和更加广泛的团结，并在策略上有高度的灵活性，才能使这种斗争获得更多的效果，使自己的生活得到更多一点出路，这是国民党统治区一切革命职工组织所必须讲求的。国民党统治区职工们在进行这种斗争时期必须用不同的态度对待官僚资本家与民族资本家，因为国民党统治区的民族工商业，大多数也是处于帝国主义与官僚资本的压迫损害或限制的情况之下，职工们首先应该主动地去联合这些受压迫损害或限制的民族资本家，使他们和工人阶级一道共同反对帝国主义与官僚资本。保护这些民族工商业，然后要求这些资本家适当的改善职工生活待遇，以达到劳资两利的目的。而在官僚资本及帝国主义特别是美帝国主义资本的企业中，则不应采取这种态度。因为官僚资本与美帝国主义资本，就是美帝及国民党赖以侵略中国和实行独裁内战政策的重要工具，职工们在这些企业中，为改善自己生活的斗争，常常和反抗统治者压迫的斗争联系起来。

第三节

由于解放区的工商业正在发展和扩大中，国民党统治区的职工们和革命的职工团体，应该派遣适当的熟练人员到解放区来参加新式工商业的建设。同时国民党统治区职工们和革命职工团体，应该十分注意保护一切公私企业的机器和设备，反对破坏迁移和分散这些机器与设备。因为在不久的将来，一切官僚资本的企业都要转入人民手中，而原属民族工商业家所有者，则将继续为他们所有，特别在人民解放军到来时，职工们应当尽力保护一切公私企业及其工厂机器和物资不受破坏和损毁，并应联合各界人民监视反革命分子，维持社会秩序，以待新的秩序之建立。

第四节

国民党统治区职工们，在进行上述各种活动时，应十分注意方式和方法，适当注意保护自己的团体和领袖，适当处理职工内部的关系，严防敌人的挑拨与离间。

第三章　关于解放区职工运动的任务

第一节

在解放区的职工运动则是在一种完全新的条件之下进行。在这里，工人阶级已经在反对帝国主义、封建主义和官僚资本主义的斗争中获得了解放，并已成为国家政权的领导阶级。在这里，已经没有官僚资本，但有新的国家企业与合作社企业的资本，这些企业是属于全体人民或部分人民所有，也是属于工人阶级所有，在这些企业中没有劳资对抗，只有公私关系，职工们已经是企业的主人。在这里，工业和农业的发展是直接加强人民革命战争与改善人民生活的物质基础，首先是改善职工生活的物质基础。在这里，私人企业中仍然有劳资对抗，职工们仍然处于被剥削地位，但职工们既是在政治上社会上和国家政权中居于领导的主人的地位，就保障了职工们可以不致受到压迫和过分剥削，而一切有益于国民生计的私人资本生产事业的存在和发展，就加强了整个解放区的经济，因而也就有益于工人阶级。由于解放区这一切新的条件，所以解放区的职工运动就应该在完全新的方针和政策之下来进行。

第二节

首先解放区的职工们必须很好的组织起来，并很好地进行学习，提高自己的觉悟，完全理解中国目前的形势及解放区上述一切新的条件，以便很有组织地很自觉地去积极参加新民主主义的国家政权、军队、经济、文化各方面的建设工作，并选派自己优秀的代表到国家的各种领导机关去。在这些机关中，和各民主阶级的代表联合一致进行工作，并坚持无产阶级的代表全体人民长远利益的方针和政策，反对各种自私自利的错误的方针和政策。

第三节

发展解放区工业生产的任务，已被提到空前重要的地位，这是解放区职工们特别重要的任务。必须发展解放区的工业，才能保证革命战争的最后胜利，才能满足土地改革后农民的要求，特别是农业技术改进的要求，才能逐渐改善职工及其他劳动人民的生活。解放区工业亦即新民主主义的工业，它的发展前途是无限的。因为这里有被解放了的广大的劳动力，有通力合作的人民大众，有解放了的商品市场，有丰富的资源；而人民解放军又将要解放更多的城市工厂和机器，并逐步地将各解放区连成一片。这些发展工业的重要条件，都在逐日增多和增强，尤其重要的是毛泽东同志提出了“发展生产、繁荣经济、公私兼顾、劳资两利”的经济建设的总方针，这个方针正指引着我们的工业日益走上健全和广大发展的道路。由于解放区的工人阶级不但在政治上社会上居于主人地位，而且在国家政权中首先在国家企业中是居于领导地位。因此，解放区职工们就应当以领导阶级地位，担负起发展工业的责任，就应当以主人翁的新的劳动态度对待自己所参加的劳动。在国营和公营企业中，职工既有权利参加工厂的管理，便有责任积极劳动完成以至超过国家所要求于他们的生产任务。合作社企业中的职工地位和责任也大体与这相同。在私人企业中的职工，亦有责任完成资方的生产计划，遵守劳资双方所订立的契约，遵守政府保护私人工商业的政策，但同时有权利要求资方履行劳资两利原则，督促资方执行政府法令。这就是解放区的职工们在发展工业中所应采取的基本方针和基本态度。

第四节

为使解放区的工业能够健全的发展，以下各项问题必须系统地加以解决。

第一项：关于工业的计划性，这是今天需要提出并且可能解决的问题。首先从基本解放区做起，从国营公营企业做起。经过调查研究，通盘筹划，使军火工业、重工业、轻工业之间的比重，机器调剂、厂址选择、动力分配、技术提高之间的关系，原料来源、成品推销、资金周转之间的结合，工业、农业、金融、贸易、交通各部门之间的合作，各工厂企业之间的配合，都应有适当的计划。同时照顾到对合营私营企业的调剂作用与领导作用，这种地方性和局部性的计划经济在今天能够发展社会生产力，特别是工业生产力，适应战争需要，对将来则能够为逐步实现的全国性和全面性的计划经济取得经验和创造若干前提条件。必须肃清公营企业中某些缺乏计划缺乏领导的无政府状态，使一切公营企业都能在统一领导统一计划之下进行生产，然后方能对私营与合营的企业实行有计划的领导与调剂。

第二项：国营公营企业，必须切实改善经营和管理工作，方能达到原料足成本低质量好数量多销路广的目的。这个任务的解决，主要在于贯彻企业化原则和实行管理民主化。为了贯彻企业化原则，就要制定周密的生产计划，实行从原料生产到推销的全过程中的经济核算制度；就要以经营能力、劳力技术，及尽忠职责为用人标准，推行考工制度，保证合理的劳力条件，做到机构合理，职工精干，各称其职，就要实行严格的个人负责制度、劳动纪律与赏罚制度，实行劳动检查与成品检验，做到人尽其责，功过分明，赏罚适当。为了实行管理民主化，需要在各企业各工厂中，建立统一领导的工厂或企业管理委员会，由经理或厂长、工程师及生产中其他负责人和工会在工人职员大会上所选出的代表（相当于其他委员的数量）组成之工厂或企业管理委员会，在上级国家企业机关领导之下，为工厂或企业中的统一领导机关，由经理或厂长任主席，讨论并决定有关工厂或企业管理和生产中的各种问题。在工厂或企业管理委员会多数通过的决议，如经理或厂长认为与该厂或该企业利益抵触或与上级指示不合时，经理或厂长有停止执行之权，并报告上级请求指示，如工厂管理委员会多数委员认为经理或厂长的这种措施不适合或对其报告有异议时，亦可将自己的意见同时报告上级一并请求指示，但在未得上级指示前，应执行经理或厂长的决定。如工厂管理委员会少数委员对多数通过的决议有不同意见时也可将自己的意见报告上级，在有紧急问题不及等待管理委员会开会时，经理或厂长有权处理之，但事后须将经过报告管理委员会请求追认。此外在五百人以上的大工厂，还可由各部门职工（包括学徒）代表组成工厂代表会议，在工厂管理委员会领导之下，传达和讨论工厂决定、生产计划与经验的总结，以便更多的吸收群众建议与批评。现在业已在许多工厂中进行的生产小组会议，亦应发挥其应有作用。只有经过这些集中领导下的民主形式和民主方法，才能培养职工管理能力，发挥厂内批评与自我批评，克服官僚主义作风，提高职工的责任心、劳动积极性与纪律自觉性，并发展正确的劳动竞赛和劳动英雄运动。在私人企业和工厂中，实行管理的民主化，实行工厂或企业管理委员会制与工厂职工代表会议制，对于保证劳资协力、提高生产、保证劳资两利、公私兼顾及保证国家工商业政策和法令的执行，都有极大好处，应说服资本家并在资本家同意之下采用这种制度。私人企业和工厂中，如组织工厂或企业管理委员会，厂长或经理有最后决定权，如职工代表认为该厂厂长或经理的决定与国民生计或劳资两利的方针有抵触时，职工代表得将不同的意见提交政府机关与劳动局请求仲裁。

第三项：目前工业中的技术干部很不够，管理干部更感缺乏，对于这个工业骨干问题，必须有切实的解决办法。应从现任干部中提拔优秀分子逐步升级，帮助一切现任干部提高其智能。在工厂较多的地方，则开办职工学校。在工业以外的许多工作岗位上，有不少职工出身或受过工业专门教育或有过工业管理经历的干部应征调一批来参加工业管理工作。对新解放区企业中愿意继续服务的旧管理人员和技术人员，除查有证据的破坏分子外，必须尽量任用，必须很好的团结他们，并帮助他们改变旧的劳动态度和管理方法，尤其是对待工人的态度。对自动来解放区服务的工业人材，应一律欢迎，使他们参加适当工作。此外还须征调有相当文化水平的普通知识分子，到工厂中学习管理工作。在学生、师资和设备等条件相当具备的地方，开办工业专门学校，以训练新的工业干部也是很必要的。

第四项：由于目前空前规模的战争环境，解放区农民们大量的出兵出粮出战勤，公教人员则坚持辛勤不懈的工作，解放区职工们更应当吃得苦做得多，对于工时工资劳动保护和福利事业等应当自觉地避免超过战时经济条件所许可的过高的要求。关于劳动时间我们主张工厂工人一般实行八小时至十小时制度，对特殊企业或特殊情况，经当地政府批准得延长或缩短之，但除战争紧急需要外，每日劳动时间连加工在内，最高不得超过十二小时，加工连续不得超过四天，全月不得超过四十八小时。农业工人、手艺工人及店员的劳动时间，可以按照习惯办理。

第五项：关于工资的规定，必须保障任何普通职工的最低生活水准，即职工最低工资连本人在内要够维持两个人的生活。同时又必须保障职工的劳动热情及技术的进步而采取等级工资制及计时计件工资制，但战时物价不可避免地会有波动，为保障职工的最低生活水准、最低工资不能不因物价高涨而增加，而等级工资则因战时经济条件所限制，却不能照此比例增加。

因此在规定战时工资时，不能不照顾这两者间的关联，并相当缩小等级工资各级间的距离，本此原则，我们主张依下列规定来调整职工的工资。

第一点：工厂工人的工资，应采取交叉累进的等级制度，在此制度内依据职工在生产过程中的分工与技术程度规定等级，等数不限于三等，级数宜多，同级工资仍保留若干差别。评议工资时，对管理人员和技术人员依其职责能力及学识经验；对工匠依其技术；对熟练工人依其熟练程度；对单纯体力劳动者依其劳动程度。同时照顾他们的工龄，应由各解放区地方政府在工会同意之下，给同种企业规定相当统一的工资标准，但不可对不同企业规定同一工资标准，再由各工厂根据政府颁布的工资标准评议每个职工的具体工资（可在工厂或企业管理委员会之下组织工资评议委员会）。学徒待遇不应列入工资系统，学徒亦不应参加工资评议。合理工资制度实行之后，个别有特殊技能的职工需要给予特别优待者，须经高级管理机关批准。现时工资制度中存在着的过高或过低的偏向，本质上是一种平均主义。平均主义的发生是受了供给制度及其他错误思想的影响。平均主义的实质则在于不了解上述工资原则和等级制度的必要性和重要性，而或多或少地将被养人口、生活好坏、家庭出身、政治积极性、工人高于职员、学徒当作普通工人、不熟练工人当作学徒等，作为评定工责的根据，并将各种工资等级，排成非交叉非累进、等级少、最高最低相距甚近的单一梯形，甚至对各种不同企业规定同一工资标准，这种平均主义严重地妨害了职工的生产积极性，尤其是努力提高技术的积极性，必须迅速纠正之。

第二点：工资形式、计时或计件及其运用应依据劳动具体情况决定。计件制，有刺激生产作用应当推行，但在成品标准和成品检验方面，还没有确切把握时，不可冒昧采用。同时还要防止原料浪费、工具损坏及损坏健康的过度劳动。

第三点：在物价波动太大，而工资调整发生困难的地方，还可采用职工生活补贴的办法来调剂这种困难。生活补贴虽也应分为若干等级，但其差额不宜太大。

第四点：工资计算应以几种必需品实物为工资计算基础（例如华北之“食衣”，东北之“分”），并采用货币和实物混合的支付形式。为了进一步保证职工的实际工资，应采用新的食物配给制度，这可在国营公营工厂中试行，取得经验后，再加以推广。

第五点：农业工人、手艺工人及店员的工资制度，得从其习惯，但要以必需品实物为计算基础，并在支付时保证实际工资与名义工资一致。

第六点：国营公营工厂除工资外，还可采用定时奖金办法，由政府规定或批准之作坊、商店、私人企业中的分红馈赠及其他奖赏习惯，凡对提高职工劳动积极性及技术进步有益者，均须予以保存并须普及于全体职工。

第六项：关于女工、青工、童工、学徒应实行下列各点规定：

第一点：男女青童工同工同酬。

第二点：女工产前产后共休息四十五天，小产在三个月以内共休息十五天，三个月以外共休息三十天，均照给工资。

第三点：禁用童工女工的产业，及禁止女工童工作夜工的劳动，由各解放区地方政府以法律定之，妨害身体发育的劳动，不得使用未满十四岁的童工。

第四点：学徒最高学习期限不得超过三年，学徒待遇依其进度逐步增加，最低够吃，最高除够吃够穿外，给予相当津贴。师徒关系应严守尊师爱徒原则，学徒必须尽心学习努力生产，师傅不得虐待徒弟，尤须尽心传授技术。

第七项：关于劳动保护和职工福利专业，因在中国从无基础，又处在战争时期，我们要来办理全国有系统的社会保险还有困难，暂时应依下列各点办理：

第一点：尽可能改善工厂健康设备和安全设备，政府定期派人检查。

第二点：伤害疾病老残等的医疗津贴抚恤，暂由工厂负责办理或由工厂和工会共同负责办理，其办法由政府规定或批准并监督实行，在工厂集中的城市或条件具备的地方，可以创办劳动的社会保险。

第三点：职工福利事业（文教合作及贫困的救济等）由工厂和工会共同负责，或分别负责办理。

第四点：以上办法，适用于工厂职工，其他非工厂职工，劳动保护和福利事业，由工会参照固有习惯与业主协定之。

第五点：失业救济主要为帮助就业组织生产，由政府负责办理。

第八项：国营公营企业中的劳动竞赛和劳动英雄运动，对发展生产起了积极作用，今后仍要提倡这种运动，并给以正确领导，使之成为以减低成本，提高生产质量，增加生产数量为目标的功利主义，成为互相学习帮助，少数带动多数的集体英雄主义。而对那种粗制滥造的形式主义和脱离群众的个人锦标主义的倾向，则须加以坚决的纠正。在采用了工厂或企业管理委员会和职工代表会议制度的私人工厂和企业中，劳动竞赛和劳动英雄运动，也可以推行。

第九项：劳动契约与劳动争议，应依下列各点办理：

第一点：劳动须有契约并尽可能采用集体契约形式，以便双方履行。集体契约，应包括劳动条件、职工之任用解雇与奖罚、劳动保护与职工福利、厂规要点等内容。

第二点：劳动争议的处理方法为协商调解及仲裁，仲裁为最后程序。仲裁不服，得向法院控诉。

第三点：各解放区地方政府须颁布集体契约条例及劳动争议处理办法，并须设立掌管有关劳动问题的部门。

第五节

在解放区工会工作的任务是在发展生产、繁荣经济、公私兼顾、劳资两利的总方针下团结全体职工，积极劳动，遵守纪律，保护职工的日常利益，教育职工，提高他们的文化水平，尤其是提高他们的技术能力和业务水平。在国营公营合营企业中发挥管理能力，在私营企业中实现监督作用，在个体劳动中促进技术改良和生产合作。高级的工会机关，有责任协助政府的劳动立法并采取具体办法以保证前节各项规定的合理实施。一切依法取得职工成分的男女职工均有加入工会的权利，但会员征收必须本自愿原则。工会不仅为会员服务，而且同样要为非会员服务，吸收他们参加活动，才能实际上代表全体职工，争取所有职工加入工会。工会内部须有充分的真正能集中群众意见的民主生活，须有切实的真正能够解决群众需要的经常工作，并须彻底整顿现在工会工作中的官僚主义作风和形式主义作风，做到工会名符其实地成为职工自己的组织。

第四章　关于恢复全国总工会

为了保障这个决议的实行，保障中国工人阶级在目前的大革命中能够到处充分发挥其应有的先锋队的作用，必须成立中国工人阶级的统一的全国组织，以便在迅速发展的革命运动中能够经常指导各地职工群众的行动。为此大会决定恢复第一次大革命时期的中华全国总工会，并训令全国总工会新的执行委员会继续第一次大革命时期全国总工会的革命传统，在当前新的时期和新的条件下迅速组织全国的职工群众，并和全国各民主党派、各人民团体、各少数民族联合一致，为迅速推翻美帝国主义及其走狗国民党反动政府在中国的统治，为建立统一的新民主主义的人民民主共和国而奋斗到底！

（1948 年 8 月）

（中华全国总工会中国工人运动史研究室编：《中国工会历次代表大会文献》，工人出版社，1984 年，第 458–470 页）

关于职工运动当前任务决议案中几个问题的说明

（一）劳动时间

1. 劳动时间，为职工进入工作场所之后，到离开工作场所以前之实际工作时间。凡职工之学习（上课）、上下班走路、在厂外吃饭休息的时间，均不应作劳动时间计算。何种会议得在工作时间以内召开照发工资，应遵照当地政府之规定实行。

2. 决议规定有特殊需要可将劳动时间延长，但最多不得超过十二小时，并不得在十二小时以外加工。延长劳动时间的企业，以下列两项为限：

子、小企业一时无法将劳动时间缩短为十小时者；

丑、昼夜不停劳动的企业，原已实行两班制者，因所需要的劳动强度不高，而暂无必要改变或因一时困难无法改为三班制者。

3. 劳动时间因特殊需要而缩短者，系指有些工业特别影响健康，如产生有毒气体的工作及过于紧张的劳动等。

4. 关于全年应有的实际工作日，新决议未做具体规定，因为各地各企业的情况不同，在战争时期一时难做统一规定。现在解放区的情况是：全年放假过多，实际工作日过少，因此暂做下列原则的规定：

子、全年工作日数不应过少，但职工必须有一定的休息日期，故在一般企业，均应争取全年工作日须在三百天以上。全年五十二个星期，由各企业自行调剂，规定实行大礼拜制者，全年可以规定若干事假，不扣工资；实行小礼拜制者，不扣工资的事假则不应规定过多，或规定事假必须扣除工资。至于新区大企业（如铁路）中的休假习惯，一时难以做到三百天以上者，可暂维持原状，待研究后再决定。

丑、关于年节及纪念假期，亦应尽量减少，不应每逢纪念即放假，而职工中的旧习惯又必需照顾。全年应有假期可由各地区职工总会根据这一原则，提出意见，请各解放区政府具体规定，俟全国胜利后，再作统一规定。

（二）工资

1. 普通工人的最低工资，连本人在内应养活两个人，本人生活，按当时当地维持一个劳动力的必要生活资用（包括衣、食、住及必要消费）计算；被养人生活，一般应低于本人生活，但最低不得少于维持一个人生活的最低水平。在不满二十人的私人企业中，职工学徒的最低工资，一般应以本人全年的实际收入（如分红、年节馈赠及其他实物待遇等）计算。

2. 交叉累进的等级工资制，就是说等级排列是交叉的，等级间的差额是累进的。

子、为什么等级排列是交叉的？因为各种企业（如棉织业、机器业、制造业等）之中，各种职工（如技术工人、熟练工人、技术人员、管理人员等）的劳动性质不同，所以规定工资等级的标准因之而异，或按技术高低，或按责任轻重，或按熟练程度，或按强度大小……，既然按照各种不同标准分别规定等级，那么各种企业、各种职工的工资等级，必然排列成为上下交叉的形式，而不可能混在一起排列成一个单一的等级序列。假如：某种企业的普通工人最低工资是一〇〇，最高工资是一八〇；熟练工人最低工资是一二〇，最高工资是二五〇；技术工最低工资是一五〇，最高工资是三五〇，这样就彼此成为交叉。同时每种职工（如普通工、熟练工、技术工等）又根据技能、职责、资历等条件，在本身中分成几等几级，等与等、级与级之间，也是采取这种交叉式的排列，即是一等一级工人的最低工资可以低于一等二级的最高工资，一等三级的最高工资可以高于一等二级的最低工资。因此如将所有各种企业各种职工工资等级合并列成图表，必然形成极错综的上下交叉的形式，这种等级排列的办法即为交叉等级制。反之，如果一等三级工人的工资是一五〇至二一〇，一等二级是二一〇至二八〇，一等一级是二八〇至三五〇，或者普通工人工资是一〇〇至一五〇，熟练工人工资是一五〇至二二〇，技术工人工资是二二〇至三五〇，这就都成为单一梯形的等级制，而不是交叉的等级制了。

丑、为什么等级的差额是累进的？因为不论何种职工，他的技能学识已达到一定的程度以后，如再求提高，就必须付出更大的努力。因此，比较合理的工资制度，应是等级愈低，等级间的距离愈短（差额小）；等级愈高，则等级间的距离随之补长（差额大），这才能鼓励职工力求进步。譬如：某种工人的工资可分为十三级，假设其第十三级为一〇〇分，以上每进一级增加五分，至第八级以上，改为每级增加八分；自第四级以上，就为每级增加十二分，直到最高一级为二〇〇分，这就是累进的等级制。反之，如果每级距离相等，按级累进，即是等差的等级制，而不是累进的等级制了。

这种交叉的累进的工资等级制，是根据多劳多得的原则，适合各种企业、各种职工实际的劳动情况，一般的具有特殊技能的职工，均可列入合理的等级解决。如果再有个别具有极特殊技能的职工无法进级者，经过上级政府批准，可以在最高等级之外享受特殊优待，但是此种情形极少，并非每一企业都有。这种工资制度的实行，将使具有各种技术与生产管理经验能力之职工得到合理之待遇，可避免过去工资中的平均主义现象，并大大鼓励职工学习。除了生产经营规模甚小，生产过程十分简单、职工种类不多的小企业，还不具有施行的条件以外，一般较大规模的企业工厂，都应实行这种工资制度，对于发展生产是有利的。

3. 决议中所谓“等数不限于三等，级数宜多”，系指过去有些工厂企业只简单采用三等九级而订。对新企业规模巨大、职工种类较多的企业，等级之分，宜多宜细。如过去平汉铁路工人，一共分为二十八级；技术工人中分甲、乙、丙三等，每等中又分八至十三级，职员中的管理人员与医务人员计分四等三十八级，在技术人员中则分为五等二十级；在各类、各等、各级的职工之间，又采用前述交叉累进的等级办法，值得参考。

4. 职员包括技术人员、管理人员、医务人员，均为企业中的脑力劳动者。旧社会普通职员的工资等级，一般是合理的；只有一部分高级职员享受官僚待遇，其中有的本人就是官僚，则是不合理的，需要加以改革。我们对职员工资，既不能如旧社会所提倡“劳心者治人”，对职员待遇一般皆较工人优厚，亦不应随便压低至一般工人工资标准之下。企业行政管理的技能，与某些专门业务的技能（如会计、检验等），也应视为技术，不可列为一般待遇。职员的最低薪资，一般应稍高于一个简单体力劳力的最低工资，因为职员在就业以前必须具有相当的文化能力，与一个简单体力劳动者显然不得相比。因为工作需要提升工人为职员者，原则上应按所负职务应有的工资等级待遇，但若低于其原来的工资待遇时，应按原来工资待遇发给，若非本人自愿，不得降低。在新解放区国营企业中，对一切职工原有的工资等级，原则上应该承认，暂时不得打乱。如职工工资系按战前工资等级加生活补贴并依生活指数随时调整者，原则上亦应照旧不变，只将法币依比价折成本币支付。其中不合理处，只有在研究清楚后，经过群众民主评议，由工厂管理委员会及企业管理机关慎重决定，再逐步调整改进。

5. 现在解放区各地所实行的以实物为计算基础的工资形式，对于保障工人的实际工资有其效果。但缺点是每发一次工资，必有大量通货在同一时间侵入市场，刺激物价猛涨。故工资虽以实物为计算基础，亦难充分保证职工应有之实际收入，造成商人渔利，职工及国家均受损失。因此，决议提出新的配给制度。一般的所谓配给制度，就是由于商品缺乏，国家管理商品，限制消费，保证供给的一种办法，以免职工从商人手中高价地去购买商品。我们解放区已行之多年的供给制，也带有这种配给制的性质，但不等于配给制。决议提出在国营工厂中实行新的配给制度，不是我们所实行的供给制，这种新的配给制度，现在尚无经验，有的意见由国家办供给商店，或由国家供给合作社以职工所需要的各种物资，如米、面、煤、布及其他工业品等，职工可以按国家规定的低廉的价格去购买其所需要的各种物品，以免受市场物价波动的影响，为此，即可将工资与物价同时冻结。在一定时期，供给商店及合作社的物价上涨一次，工资也以同样比例上涨一次。由此，可以避免商人对职工消费的剥削，保证职工的工资可以廉价地购买到社会上所缺少的或高价的物品。同时又便于国家在发工资时将通货回笼，避免每次发工资时对市场的刺激。此种办法，可先试验后再推行。

（三）劳动保护

1. 决议所指劳动保护，包含三方面的问题：（1）劳动保障；（2）职工福利；（3）工厂安全卫生。关于新解放区城市之失业问题及在业职工因战争所受生活上之困难，在一定时期内，由政府按一般社会问题处理，不在决议所谓劳动保护范围之列。

2. 关于国营、公营企业的劳动保护问题，有三种意见：其一，将劳动保险与职工福利事业合而为一处理，即凡属职工之伤亡、残废、疾病、老弱及贫寒家属的救济等项，均由工厂每月按工资的总额拨出若干份作为劳动保险基金，交由工厂与工会等各方面共同组织的职工福利委员会统筹解决（在这种意见中，另有主张职工应出本人工资的百分之零点五者）。其二，将劳动保险与职工福利分开，关于劳动保险问题，战时很难作为社会上的统一专门设施，即凡职工伤亡、残废、疾病、老弱等问题，由国家立法，由各企业单位在厂规及集体合同中解决，另由工厂拨出工资总额的百分之二点五，职工缴纳本人工资的百分之零点五，做为职工福利基金，解决职工生活中凡厂规与集体合同中所不能解决的问题（诸如职工生育补助、家属疾病、死亡、灾害的救济，及家庭人口过多者的部分津贴等项）。其三，是将劳动保险分为两部分：职工伤亡、疾病时的工资和医药费由工厂直接支付，而职工伤亡、老残、疾病、生育的抚恤、救济、补助金等，则由工厂每月按工资总数支出百分之三，职工缴纳本人工资千分之五，作为保险基金，由工会与工厂共同组织委员会，按照政府颁布之劳动条例办理，并由政府监督实行；此外，再由工厂每月按工资总数拨出百分之一点五，交工会办理职工文化教育事业。上述三种办法，各地可择其适合当地条件者试办之，而在工业比较集中的城市，则可按第一种办法逐步试行，并可将保险基金交政府劳动局统筹办理。

3. 对私营企业的劳动保护问题。决议未做具体规定。兹提下列办法，以供参考。愿用二十人以上之企业，一般可参照公营企业原则办理，但在政府有专门保险机关的地区，雇用二十人以上之私人企业主及其职工，亦须按规定缴纳保险金。其与公营企业之比例，可以一样，不必另有区别。雇用二十人以下之企业，原则上从其习惯。私营企业中的劳动保护问题，不论企业规模大小，其中具体问题均由劳资协议规定，除政府法令规定者外，不可强与公营企业的办法一样。

4. 学徒：（1）经过一定年限，学习技术，而成为技术工人者为学徒。现在华北有些军火工厂将许多操作简单机械、从事一种专门劳动的熟练工人也当作学徒（此种“学徒”占到职工人数的百分之七十至百分之八十以上），因此经常感到学徒待遇过低，结果造成学徒待遇高，而一般普通工人、熟练工人（均被称为“学徒”者）的待遇过低之平均主义现象，应该纠正。各种单纯劳动的熟练工人，虽然也需经一定时期的学习和训练，但这种时期一般很短，此种学习的工人可以称为养成工，而不要称为学徒。

（2）学徒待遇不宜过高，因为学徒的主要目的在学习技术，而不在取得报酬。学徒初期因刚从家庭出来，且带有随身被服，故只管本人吃饭，中期可以补充被服，后期则必须足够维持本人生活。并可按学习程度给予相当津贴。学徒待遇过高，企业主将不愿招收学徒，而我们现在又无力量开办大批职业学校，结果技术工人难以培养，对发展工业是不利的。

（3）学徒年限，根据中国社会习惯，一般不得超过三年。年限长短，应以所学技术的繁简难易而定。在公营企业中，进步特快的学徒，经过一定形式的考验，学习年限可以缩短，提前升为工人。

（4）对学徒的虐待、体罚，必须取消。在小规模的私营企业中，工作与生活的分工不严密，学徒对师傅在生活上一般惯有的勤务，不应强调反对。在新解放区，更不应提“学徒翻身”的口号，以免师徒对立，影响技术的学习。

中华全国总工会执行委员会

1948 年 9 月

（中华全国总工会中国工人运动史研究室编：《中国工会历次代表大会文献》，工人出版社，1984 年，第 471–477 页）

关于国民党统治区职工运动报告的决议

大会听了朱学范、欧阳祖润两同志关于国民党统治区职工运动的报告以后，对于国民党卖国政府摧残职工及一切民主人士的压迫手段和阴毒残暴的特务政策，以及美帝国主义支援国民党进行内战，屠杀中国人民特别是侵占中国主权，危害中国民族独立生存的侵略政策，表示无限的愤怒。大会号召全国职工更紧密的团结起来，联合全国一切民主阶层，用一切可能的方法支援人民解放战争，以达到迅速推翻国民党统治，解放全中国职工及一切被压迫人民的目的。

大会对于中国劳动协会、上海工人协会及国民党统治区其他民主工会，在抗战时期，及最近两年来团结一切职工并领导他们为民族解放为自己解放而斗争的艰苦工作表示满意，希望他们根据本次劳动大会所决定的方针，继续努力。国民党指使一些汉奸特务头子及所组织的伪总工会专以破坏工人运动，压迫工人斗争为能事，实为工人阶级之敌人，大会号召全国职工一致申讨。

大会对于国民党统治区职工反压迫、反饥饿、争自由、争民主、争民族独立的英勇斗争表示无限的同情和敬意，对于遭受国民党反动统治摧残压迫的中国劳协、上海工协及其他民主工会的领导者表示慰问，对于在斗争中牺牲的烈士表示哀悼。大会号召解放区全体职工在今年八月或九月的一个公休日，作工一天，一方面表示加紧生产支援人民解放战争，另一方面以这一天所得的工资，作为援助国民党统治区职工斗争的基金，以表示对国民党统治区职工的阶级同情。

第六次全国劳动大会

1948 年 8 月 10 日

（中华全国总工会中国工人运动史研究室编：《中国工会历次代表大会文献》，工人出版社，1984 年，第 477–478 页）

陈郁向劳大报告提案审查经过

劳动大会于八月二十二日上午听取陈郁关于提案审查经过的报告。总计大会共收到提案三百八十七件，其中关于劳动保护和职工福利方面有一一七件，关于工资、工时、假日、技术奖励及工厂管理的提案有四十九件，关于工会组织、职工教育、对国民党统治区工运工作及华侨提案、对解放区政府的各种建设和职工运动的政治任务等提案共二百余件。各提案均经逐条提出审查意见，并经大会通过。提案中关于召开新政治协商会议，反对美帝国主义扶植日本法西斯势力复活等提案及关于职工老弱疾病、男女工人同工同酬，欢迎国民党区技术人员来解放区等，因已包括在大会所通过陈云等人的两个报告及关于中国职工当前任务的决议中，决定不另作决议。关于职工合作社的提案，包括成立职工合作社以解决职工日常生活必需品供给的困难，各企业和工厂均应建立合作社，吸收职工入股，并由企业工厂和政府协助，合作社应建立民主集中制的组织和工作制度；国家贸易机关应帮助职工合作社购买货物；全国总工会应尽可能帮助指导合作社的建立和改进等项。审委会认为这些提案很重要，各工会均应与工厂共同商议，设法建立或改进扩大职工合作社，并请求政府予以可能的更多的帮助，全国总工会执委会应尽可能多帮助指导职工合作社的成立和改进。其他如建议政府考察并发展工矿之提案，有关职工合作社之各种提案，制定国民党统治区职工协助解放斗争的表扬办法等提案，均决定分别提交全国总工会执委会与各解放区政府具体研究处理。

（《第六次全国劳动大会》，华东新华书店，1949 年，第 57–58 页）

第六次劳动大会通过劳协政治提案

主张由中共负责召开新政协会
团结各民主阶层摧毁反动统治

（本报讯）六次劳动大会通过中国劳协政治提案一件，原文如下：

（一）建议大会响应中共中央“五一”口号第五项“各民主党派、各人民团体及社会贤达，迅速召开政治协商会议，讨论并实现召集人民代表大会成立民主联合政府”并主张由中共召开。

（二）团结全国工人阶级，联合各民主阶层彻底粉碎国民党反动统治。反对美帝国主义侵略中国，建立新民主主义新中国。

（三）建议大会揭露国民党反动集团在接近失败时，勾结美帝所玩弄的一切“伪装和平”的阴谋。反对一切“伪装和平”到底。

（四）建议大会衷诚接受陈云等人的报告，并号召国民党反动统治区全体工人阶级：

1. 聚积力量，扩大队伍，准备迎接人民解放军；

2. 掌握策略，联合民族资本，共同反对帝国主义与官僚资本；

3. 派遣熟练技术人员到解放区来参加工商业建设，同时保护公私营企业及其工厂；

4. 保护自己的团体和领袖。

中国劳动协会

（《东北日报》，1948年9月2日，第一版）

中华全国总工会章程

第一章 总 纲

第一条 本会定名为中华全国总工会。

第二条 本会宗旨为团结全国职工，保护职工利益，争取中国工人阶级的解放，联合全国一切被压迫人民争取中国人民的解放，联合全世界工人为保卫世界和平与民主而奋斗。

第二章 会 员

第三条 本会以团体会员为基础，中国境内之职工团体，凡赞成本会章程者，不分产业工会、职业工会、地方工会均得加入本会为会员；凡同一产业职业之职工已有全国性之组织者，或在一特别市、一省与一边区之各种职工，已联合组成为地方性之组织者，均由该组织直接加入本会为会员，如无总组织之各单独工人团体，要求直接参加入本会为会员者，须经本会之特许。

第四条 凡在各种企业及机关学校中工作以劳动收入为主要生活来源并依法取得职工成分之体力劳动者与脑力劳动者，不分民族、性别、宗教信仰，赞成本会章程自愿入会者，均得加入本会所属之各种工会为会员。

第五条 本会团体会员及本会所属各种工会之个人会员，

其入会与退会，均依自愿原则，既入会后，必须遵守本会章程。

第六条　本会会员之权利如下：

甲、对于本会一切主张及设施有根据本会宗旨进行讨论、建议和批评之权。

乙、有在会内选举与被选举之权。

丙、有享受本会所举办之各种文化教育及福利事业之优先权。

第七条　本会会员之义务如下：

甲、有遵守本会宗旨章程，及执行本会一切决议之义务。

乙、有向本会经常报告团体会务及个人工作之义务。

丙、有向本会按期缴纳会费之义务。

第三章　组　织

第八条　本会之组织原则为民主集中制，即少数服从多数，下级服从上级，本会所属各工会服从本会一切决议和指导。

第九条　全国职工代表大会为本会最高权力机关，其职权与召集方法如下：

甲、全国职工代表大会之职权，为决定和修改章程，决定职工运动之方针，审查本会执行委员会之报告，选举执行委员会。

乙、全国职工代表大会每二年举行一次，由执行委员会召集之，遇有特殊情况或有代表本会所属工会会员总数三分之一以上的工会之要求时，执行委员会得决定提前或延期召集之。

丙、出席全国职工代表大会之代表额数及选举方法，由执行委员会规定之。

丁、全国职工代表大会，必须有代表本会所属各工会会员总数二分之一以上的代表出席时，方为有效。

第十条 由全国职工代表大会选举执行委员及候补执行委员若干人，组织本会执行委员会；在代表大会闭幕期间为本会最高权力机关，执行委员会全体会议每半年举行一次，由常务委员会召集之，但须有半数以上执行委员之出席方为有效。如有特殊情况，或有三分之一以上之执行委员请求时，得提前或延期召集之。

第十一条 由执行委员会选举主席一人、副主席若干人领导会务。

第十二条 由正副主席及执行委员会选举之常务委员若干人组织常务委员会对执行委员会负责驻会办理一切会务。

第十三条 本会设秘书长一人，经常务委员会选任在正副主席领导下处理本会日常行政。

第十四条 本会得分设下列各部处会：

甲、组织部：管理本会所属各工会之组织事项，并帮助各地无工会组织之职工群众组织工会。

乙、文教部：管理宣传文化教育工作，并指导各工会之文教方针。

丙、生产部：指导解放区职工会，参加工厂企业管理，实行劳动竞赛与劳动英雄运动，研究工资问题、生产计划、技术经验及其他有关生产之工作。

丁、劳动保护部：管理并指导劳动保险事宜，审查劳动契约及各工会之福利工作，并协助政府进行工厂内卫生及安全设备之检查。

戊、青工部：管理并指导各级工会之有关青工、童工工作。

己、女工部：管理并指导各级工会之有关女工工作。

庚、国际联络部：管理本会对外宣传，及与国际职工组织和各国职工组织之联络工作。

辛、秘书处：管理总务、文书、会计等工作。

壬、私营企业委员会：管理私营企业中之职工运动工作。

癸、国民党统治区工作委员会：研究和指导有关国民党统治区职工运动之工作。

第十五条 各部设部长一人，秘书处设处长一人，各委员会设主任一人，必要时均得设副职由常务委员兼任，或由常务委员会另行选任之。各部处会得设干事若干人，由常务委员会委任之。

第十六条 本会为工作便利起见，得于相当地点设立办事处，各办事处设主任一人、办事员若干人，由常务委员会决定之。

第十七条 执行委员会认为必要时，得设立各种特别委员会。

第四章 经 费

第十八条 本会所属各工会就按其所收会费百之三十，缴纳本会为经常费，每三个月缴纳一次，如有特别困难时，得经常务委员会批准减免。

第十九条 本会所属各工会之会员须按月缴纳所得工资百分之一为会费。

第五章 附 则

第二十条 本章程经全国职工代表大会通过并公布之。

第二十一条 本章程如有不适合时，由全国职工代表大会通过修改之。

第二十二条 本章程之解释权属于本会执行委员会。

（1948 年 8 月第六次全国劳动大会通过）

（中华全国总工会中国工人运动史研究室编：《中国工会历次代表大会文献》，工人出版社，1984 年，第 479–482 页）

第六次全国劳动大会选出的
中华全国总工会执行委员、候补委员名单

执行委员（五十三人）

陈　云　朱学范　刘宁一　李立三　李颉伯　张金保
赵占魁　刘英源　钱志道　蔡　畅　廖似光　栗再温
赵国强　汤桂芬　吴　德　祝志澄　冯文彬　唐韵超
马辉之　许之桢　张福林　徐　平　张维桢　周　颖
沈　鸿　陈　郁　杨之华　高　林　刘长胜　李　强
易礼容　林锵云　郭焕文　刘大超　马纯古　朱俊欣
甄荣典　梁　广　王光启　孙崇之　高长久　蔡树彬
丘　金　宋新怀　冯　燊　徐　弦　萧彩峰　顾　亮
陈秀山　张　琪　康永和　李明哲　吴　垦

候补委员（二十人）

欧阳祖润　赵子温　钱海华　章　萍　李凤莲　孙玉振
李怀英　李家齐　韩武成　陈　爵　李启新　王庆元
叶维民　陈慧清　李莲山　赵　敏　白林凯　梁永福
钱夏民　张恩德

（中华全国总工会中国工人运动史研究室编：《中国工会历次代表大会文献》，工人出版社，1984 年，第 425 页）

闭 幕 词

朱学范

同志们!

在“八一”人民解放军诞生的日子，我们的大会——第六次全国劳动大会，在中国工人阶级和中国人民领袖，伟大的毛主席的胜利旗帜下，团聚了全国工人阶级的优秀代表，隆重开幕。当举行了二十二天的会议之后，当通过了有历史意义重要议案之后，当恢复了有革命历史的中华全国总工会并选出了七十三名第六届执行委员与候补执行委员之后，在今天——八月二十二日，我们的大会宣告胜利的闭幕了。(鼓掌)

参加这次大会的，包括全国解放区职工联合总会，包括中国劳动协会，包括解放区各地区工会和国民党统治区各民主工会，包括海外华侨工会代表。全体代表五百一十八名。这些代表走过了近万里没有敌人踪迹而建立了民主政治的解放区，沿途受到人民的热烈欢迎。国民党统治区和海外华侨工人的代表，还冲破了反动派的层层封锁，冒着危险艰苦，终于胜利的到达我们人民自己管理的大城市——东北解放区首府哈尔滨，参加了这次大会，形成了中国劳协和解放区各地区代表的大团结，形成中国工人阶级的大团结。(大鼓掌并高呼中国工人阶级大团结胜利万岁！)

这次大会，是胜利的大会、团结的大会、前进的大会。这次大会，不独在组织上是统一的，在意志上，在思想上，在精神上，在行动上都是统一的。全国工人阶级自1927年“四一二”以蒋介石为首的国民党反动集团，投降帝国主义、官僚资本主义，出卖了中国人民，屠杀工人、摧残工人运动以后，二十一年来，在共产党旗帜下，工人阶级又从地上爬起来，挺起了胸膛，高举起革命的大旗，压倒一切反动势力取得了工人阶级空前的胜利。这次大会是全国工人阶级自1929年在上海秘密召开的第五次全国劳动大会以来——等待了十九年，所日日夜夜盼望、时时刻刻争取的第一次全国性的大团结。这次大会，是在人民解放军，向腐朽的旧中国举行大进军并取得节节胜利的时候，是美帝国主义走狗、国民党反动集团走到最后崩溃边缘的时候举行的。正如中共中央祝词中指出的：“表示在无产阶级领导下的我们人民解放战争已经接近最后胜利，表示全国性的新的大革命时期又已到来，表示国民党反动集团，在全国工人中的分裂政策已经最后宣告破产，全国工人运动重新在革命的旗帜下统一起来。”所以，同志们，我们这次的大会是胜利的，团结的和前进的。(大鼓掌)

我们这次大会有莫大的收获：

首先，我们在大会中有政治报告，有关于当前职工运动总任务的报告，经过大会的讨论，各区代表团代表热烈发言，一致拥护这两个报告，使我们全国工人阶级在认识上和今后奋斗的目标上，都有了一个更正确的和取得全国胜利的方向。这个方向就是：全国工人阶级首先应该团结自己，再联合农民、独立劳动者、自由职业者、知识分子、自由资产阶级与一切爱国分子，为彻底推翻美帝国主义及其走狗——国民党反动集团在中国的统治，在工人阶级先锋共产党与毛主席胜利旗帜下建立新民主主义的民主共和国。在这一总方向和总任务之下，解放区的工人是在英明战略家毛主席的经济政策劳动政策下，出现了劳动英雄赵占魁、刘英源这些新型人物，提高技术加紧生产，支援战争。国民党统治区的工人，团结自己用各种方法方式破坏反动派的军火生产与军事运输，扩大队伍，准备迎接解放军，以缩短国民党的反动统治。

其次，我们为了继承全国工人阶级英勇奋斗的光荣传统，恢复了中华全国总工会，并选出了七十三名正式的执行委员和候补执行委员。这个组织是全中国工人阶级群众组织统一的最高领导机关。它团结了全国各地区——国民党统治区大城市上海、武汉、天津、南方等地和解放区西北、华北、华东、东北等区，包括了矿山、铁路、水电、邮电、军火工业部门，共二百八十三万工人。这个工人阶级团结胜利前进的大军，以统一的步伐向美帝国主义及其在中国的走狗——国民党反动集团进攻，作最后的胜利的斗争，以取得全中国工人阶级和全中国人民的最后的彻底的解放。（大鼓掌）这个组织——中华全国总工会，是全世界工人阶级反帝、反侵略、反压迫及反分裂的民主阵线上一支有力量的队伍。他将在世界职工联合会的旗帜下，为世界职工运动的民主、和平、团结、统一的方向去奋斗（鼓掌）。他将向以美帝国主义为首的反动阵营——尤其是以“马歇尔计划”为手段的分裂世界职工运动的阴谋作不调和的坚决的斗争。（鼓掌）毫无疑问的，我们中华全国总工会，我们中国工人阶级将在国际反帝国主义、反侵略的阵营中，尽我们最大的力量为着世界永久和平奋斗到底，以加强世界民主和平阵营的力量。

过去中国劳协代表一百六十万职工参加世界工联，现在劳协与解放区及国统区一切民主工会共同组成了中华全国总工会，并代表着二百八十三万职工，去参加世界工联，中国工人阶级在国际上的地位，将大大提高。（台下口号：全世界工人阶级团结起来，保卫世界和平与民主！）

再其次，我们的大会很仔细的听取了各个地区的工运报告和工作报告，并且很仔细的研究了工时、工资和工人福利等问题，在目前任务决议案中有了具体规定，而东北工代大会并通过了东北公营企业的劳保条例和哈市劳动条例，这使我们工人的地位与权利，生活与福利等又都提高了一步。这是我们中国工人阶级奋斗了几十年还没有争取到的，而在这一次大会上胜利地解决了。

同时，也是最大的一点收获：我们听到了国民党统治区工人运动与工人生活的报告。他们的英勇斗争，尤其是上海职工的英勇斗争，深受我们的尊敬，他们的遭受迫害与饥饿，激起了我们的同情，而反动派对他们的屠杀更激起了我们无限的愤怒。因此，我们的大会一致通过了“关于国民党统治区职工运动报告的决议”，并决定全国各解放区职工作义务工一天，作为援助国民党统治区职工斗争的基金。当这个消息传出去后，东北各地区的职工同志，立刻自动献款，到今天为止，已经有几千万元了。这充分表示了我们的阶级友爱与阶级同情。这告诉国民党统治区的职工同志们他们的斗争不是孤立的，他们有统一的团结的中华全国总工会下二百八十三万会员作为他们后盾，他们的解放斗争一定会更快的得到胜利的。

再其次，在大会中，全体代表一致拥护召开革命的新的政治协商会议，并且主张由中共来召集，从而建立革命的联合政府。（台下高呼：拥护革命的政治协商会议，革命的联合政府！）这表示全国工人阶级一致痛恨美帝国主义与其走狗国民党反动的统治，要彻底推翻这个反人民的反动政治，一致拥护以中共与人民领袖毛主席为领导建立一个没有反动分子参加的新的民主联合政府。

这次大会的收获是无可限量的、宝贵的、伟大的。

中国工人阶级三十年来为着争取自己解放，为着争取一切被压迫人民的解放，为着争取中国的独立自由，反对帝国主义，反对封建主义，不知流了多少血，牺牲多少头颅。现在阻止中国独立自由解放的是美国帝国主义，现在我们有了全国统一的团结的中华全国总工会，不怕美国帝国主义怎样强，我们坚决的要反对美国帝国主义侵略到底。现在迫害屠杀中国人民和中国工人阶级的是国民党反动统治集团。我们有了全国统一的团结的中华全国总工会，我们一定要坚决打倒国民党反动集团。现在时候到了，全世界民主力量日益高涨，谁要实行帝国主义的侵略，谁要实行反动的统治、违反民主、违反和平，谁就一定在民主力量打击之下遭受最后灭亡。中华全国总工会要督促领导全解放区工人阶级增加生产、支援前线，要督促领导国统区工人阶级，继续英勇奋斗，准备迎接解放军，解放全国人民，争取全国全面的胜利。（大鼓掌）中华全国总工会要根据历史上“二七”、“五卅”、省港罢工、上海三次起义和第一次大革命时期工人阶级斗争的光荣传统和斗争中的英雄人物像林祥谦、施洋、刘华、汪寿华、苏兆征、邓中夏、邓发等同志的精神，完成伟大的革命事业。（大鼓掌并欢呼：“完成工人阶级伟大的革命事业！”）代表们回到各人的工作岗位以后，必须用最大的决心，用最灵活的方法，来执行大会的各项决议，发挥并完成大会给我们的各项任务！当我们每一个人都尽到了我们应尽的力量的时候，同志们，我们的彻底解放就能很快达到目的了。

最后，同志们，我们不要忘了，我们的大会是在国内外工人阶级和民主团体以及全国人民的热烈鼓舞下举行的。在国际上，我们先后收到了世界职工联合会、苏联总工会、法国总工会、美国各民主工会给我们的贺电；在国内，我们首先得到中共中央的祝词，又得到中国劳动协会和各解放区的党、政、军、工会及各产业部门、各地区，甚至是一个县、一个区的职工会，纷纷地给我们寄来贺电及贺信，这给我们鼓励是非常之大的。尤其是东北局、东北行政委员会、东北军区司令部、哈尔滨市政府以及哈尔滨的工人和群众团体，他们给我们的精神鼓励和物质慰劳都非常大，我代表大会向他们致谢！

我们的大会所以能在哈尔滨召开，首先是由于英勇的苏联红军解放了东北，我代表大会向全世界工人阶级英明的领袖伟大的斯大林大元帅和伟大的苏联红军致谢！（台下高呼：“苏联红军万岁！斯大林大元帅万岁！”）这次大会之胜利结束，是由于中共中央和毛主席的英明指示，我们大会要向中共中央和毛主席致谢！（大鼓掌）向人民解放军和朱总司令致谢！（台下高呼：“毛主席万岁！”“朱总司令万岁！”）向东北人民解放军全体指战员致谢！（大鼓掌）此外，日以继夜不辞劳苦为大会服务的全体工作人员，都给大会以极大的帮助，我代表大会向

他们致谢!(鼓掌)

最后，敬祝今天到会的来宾健康，敬祝全体同志健康，希望我们在毛主席的胜利旗帜下，在工人阶级的团结旗帜下，向最后胜利的目标前进!(大鼓掌，全场起立，高呼口号)

(中华全国总工会中国工人运动史研究室编：《中国工会历次代表大会文献》，工人出版社，1984 年，第 484-489 页)

文电文稿

中国解放区职工联合会筹备委员会关于召开大会的通知

全国各解放区的总工会、工会、工人和职员同志们：

中国解放区的工人阶级很久就希望成立一个统一的组织，为此目的，早在一九四五年就产生了中国解放区职工联合会的筹备委员会。但是解放区所处的直接战争环境，把我们的希望一直拖延到现在。现在战争的形式已经根本改变了，各解放区多已连成一片，而随着解放区工业建设的迅速发展，职工运动中的很多问题又急待解决，因此，我们决定在今年六月十日在东北解放区首府哈尔滨召集全解放区工人代表大会，来讨论解放区工人阶级在中国人民民主革命的新形势下的战斗任务，并且成立全解放区职工联合会。

亲爱的同志们！我们所要召开的这个大会，是自由中国的工人阶级的第一次大联合。工人阶级是中国最进步的阶级，是中国革命的领导者，但是在帝国主义、封建主义、官僚资本主义统治的旧中国，我们的同伴却受着暗无天日的压迫和剥削，只有在工人农民和全体劳动人民为主人翁的解放区，我们才得到历史上第一次的光荣的政治权利，只有我们才得到了历史上第一次的不受剥削的经济地位。在解放区的私营企业中，我们所受的剥削，也减轻了，我们的劳动也与新社会的整个利益相符合，也与我们工人阶级的远大利益相符合了。因为这一切，我们就有了充分的条件来担负这中国人民民主革命事业的伟大领导责任；因为这一切，在我们所要召集的这个大会上，我们将不但应当热烈的庆祝我们所已经得到的胜利，而且应当热烈地动员工人阶级的全部力量，来争取更大的胜利；这就是说要把我们的队伍组织得更有力量，要把我们的觉悟和积极性提得更高；要对于伟大的中国人民解放战争和新民主主义的建设事业，作更大的贡献；要按照中国人民和中国工人阶级的伟大领袖毛主席的指示，更好地执行发展生产、繁荣经济、公私兼顾、劳资两利的方针；要按照毛主席的指示，更好的团结全国的工人、农民、知识分子、小资产阶级、中等资产阶级和一切爱国分子来向蒋介石匪帮和他们的主子美国帝国主义侵略者进行共同的斗争，取得最后的胜利。这就是这个大会的意义和任务。

亲爱的同志们！为了使这个大会胜利地完成它的任务，我们要求每个职工会组织，每一个觉悟的工人和职员，能够迅速利用这个宝贵的机会，召集各种会议，提出对于解放区职工运动的意见，选出参加大会的代表，让我们的大会光荣地表现出全解放区工人阶级的伟大的革命英雄主义的意志。

中国解放区职工联合会筹备委员会主任 刘宁一

1948 年 3 月 15 日

（中华全国总工会中国工人运动史研究室编：《中国工会历次代表大会文献》，工人出版社，1984 年，第 413–414 页）

关于召开第六次全国劳动大会问题的谈话*

大会可称为劳动代表大会。本来最科学的名称应该是职工代表大会，但是，劳动大会在历史上有过作用，工人们熟悉这个名称，我们称为劳动代表大会还是可以的。

劳动大会，设一总会叫作执行委员会，委员人数不要过多，也不好过少，以五六十人为宜。其下可考虑分设各种产业的总工会，如煤业总工会、军火总工会等。

大会要搞劳动法大纲、宣言、章程，劳动法大纲由中央准备，宣言与章程由东北准备。由李立三同志致开幕词。

大会要向世界工会联合会提出一般意见，抨击分裂的黄色工会，号召革命工人、解放区工人和蒋管区工人都在内，起来反对分裂职工运动。宣言的主要内容亦如此。

交流各地经验要在大会前举行，大会后分蒋管区、解放区两部分讨论，以保守秘密，这些讨论不要公开发表。

总工会会址暂设在哈尔滨。等打开北平后，再搬到北平。

会员要缴纳会费（每月的一天或半天工资）作为经费，不足时政府也可帮助一些。

有些干部怕当工业干部，这是完全错误的。其实，工业干部是最有前途的，军事干部在战争结束后绝大多数是要改行的，

---

* 这是刘少奇对赴哈尔滨出席职工代表大会的部分地区的主要负责人的谈话要点。现标题为《刘少奇论工人运动》编者所加。

农民干部的前途也没有工业干部的前途那么远大，因为农民要慢慢变成工人。工人阶级是最先进的阶级，其他的各种干部都没有工业干部的前途远大。讨论职工运动时，应讨论这个工业干部的问题，并须有一二条对工业干部的条文。

手工业工会的方针要讨论。我们还没有好的经验，没有干部，可先搞一些典型，总结经验，并训练一批手工业工作干部，然后再成立手工业的各级工会组织。

关于职工运动的方针。由于有产业工人与手工业工人的不同，不能把产业工人运动的方针，用在手工业工人运动中去。过去我们手工业工人工作搞不好，这是一个原因。又由于有解放区与蒋管区的不同，不能把对解放区工运的方针用在蒋管区，亦不能把对蒋管区工运的方针用在解放区，所以应分别订出不同的方针。

在解放区的方针是：发展生产、繁荣经济、公私兼顾、劳资两利。只顾工人不顾资本家，或只顾资本家不顾工人；只顾公家不顾私人，或只顾私人不顾公家，都是不行的。过去的偏向就发生在这里。不分产业工人与手工业工人，不分蒋管区与解放区，劳资、公私照顾得不适当，以致公营工厂受损失，私营工厂一斗就垮。过去的工商政策，毛主席说是自杀政策。这是无政府无组织的思想。在蒋管区，政治上、经济上、生活上都没有保障。这是与解放区不同的，不能与解放区工运方针混为一谈。在解放区，如果工厂开不起来，工人就会失业，我们工人不能只强调私人的暂时的片面的利益，应该看到并服从长期的最大最根本的利益。现在主要的危险是工商业办不起来，所以主要的应该是发展生产，但不照顾工人也不对。

从许多提出来的问题中，大家对工业觉得不知怎么办，这可以看出带着很大的盲目性。这是由于以前我们的工厂在乡村在山区里，又是在战时，没有正式的机器工业。现在我们要管理在大城市中的历史悠久的大机器工厂，这是一个新的问题、新的工作，我们还缺乏经验。有些工厂的历史是很老的，经过了几个朝代，资产阶级管理这些工厂是很有经验的。过去我们产生盲目性，一个是缺乏经验，一个是主观主义，不肯向有经验的人学习。不肯向人学习，强不知以为知，结果，工作搞不好。将来我们还会碰到更大更复杂的问题，只有好好向资产阶级有经验的人问一问、学一学，做他们的小学生，才能避免盲目性。

我们的工业干部有两个特点，一个是少，一个是低。要管理大城市、大机器工业是很困难的，除了好好学习之外，还要大量任用国民党的老的工厂干部，可以任用他们做厂长，比我们派去的厂长还要好一些，因为他们有管理经验，又有工业知识与技术，可以争取改造他们为人民服务。只要他们能答应搞好工厂工作，工资高一些都可以，我们则可派政委或副职去，向他们学习。但是一定要他们保证办好，不捣鬼，如果办得不好，或捣鬼，我们可以依法处理，没有什么可怕。如他们办得好，我们要奖励。只要我们肯向他们学，是可以解决问题的。

关于个别农民破坏、偷盗工厂机件及其他建筑物资问题。我们要下令禁止破坏、偷盗，已被破坏、偷盗的则应限期送还，否则依法处罚。

关于工会、工厂、党的组织三者的关系问题。工人运动与生产运动实质上是一个东西。工会是代表工人的，厂长是代表政府的，都是要把生产搞好。厂长虽然是上级派的，但上级也是人民（包括工人）派的。不能认为厂长才是替国家做事，工人不是替国家做事。工人进行生产，厂长管理生产工作，都是替国家做事。有人说：“现在是干部当家，不是工人当家。”我问他：“什么叫工人当家，工人怎样当家？”他那个说法是不对的，几千几万人怎样实现他们的当家呢？不组织起来是没有办法的，要组织起来就要有干部，但是“干部当家”的话是说不通的。干部做得不好，是会被撤职的，所以问题不是谁当家的问题。干部是要的，有个做得好不好的问题，干部如果官僚主义，工作就做不好。这个问题说明对组织的作用与意义认识不足。厂长与工人不过是一个分工的关系，这一点，我们应该如此认识。

主要的问题是如何管理工厂。这次大会主要讨论机器工厂的管理，把眼光放在较大的城市工作中去。工厂可召开职工大会或职工代表会，向厂长提意见，过一定的民主生活，但工厂还是厂长制，所以向厂长提意见，仍不应取消厂长的最后决定权。在开会前应通知厂长，应该有准备。厂长应参加职工运动，执行工会与支部的决定。在厂长职权范围内的工作，厂长有最后决定权，而在工会会务与党务范围内的工作，则应执行工会与支部的决定。

支部的主要任务是，帮助厂长保证生产发展，不是干涉厂长。有人以为党是阶级的最高组织形式，支部不能干涉厂长不是违反了党是阶级的最高组织形式这条吗？这是不对的。你的支部只是几十个党员，中央是代表全体党员的，最高的党的组织是中央，不是一个支部。如果让一个支部作一切决定，倒违反了党是阶级的最高组织形式这一条了。当然，支部对厂长有监督权、批评权，但没有撤职权。

厂长要做工人运动的工作，过去是做了，但做得有好有坏。大的工厂，我主张有工人代表会，工人代表会的决议，厂长要执行。

（1948 年 4 月 28 日）

（中共中央文献研究室、中华全国总工会编：《刘少奇论工人运动》，中央文献出版社，1988 年，第 316–320 页）

美国各职工会联名电贺劳动大会

美国各职工会联名电贺中国第六次劳动大会。这一祝贺，系由美国远东民主政策委员会所发起。贺电原文如下：

向中国职工代表大会致敬！

我们美国职工运动者——美国产业职工联合会、美国劳工联合会所属和独立的职工会的会员们，深信在每一个国家内，一个自由民主的职工运动，对争取民主、富裕及和平是不可缺少的。因此当我们得悉蒋介石把一些反对其独裁政策的真正职工运动领袖驱逐出国之后，竟于今年四月十八日建立希特勒式的“劳动阵线”时，我们为之十分震惊。

世界公认的中国工运领袖、中国劳动协会理事长兼世界职工联合会副主席朱学范先生及中国解放区职工联合筹备委员会主任兼世界职工联合会执委刘宁一先生，为了回答蒋介石这一无耻行为，定于今年六月十日（按：后因各地代表未到达，而延于八月一日召开）在哈尔滨召开统一的“全国职工代表大会”。

当此大会召开之际，我们热忱地向中国兄弟职工运动者致敬，我们祝贺并且拥护你们伟大的全国职工代表大会。我们这样做，是为了表示美国人民对中国人民传统的深厚友谊；我们更迫切地要这样做，是因为我们的政府为了极少数自私集团的利益，竟采取干涉政策，帮助中国反动派，延长了中国人民的痛苦及灾难。

蒋介石独裁的腐败，已不得不使美国《先驱论坛报》在去年八月二十六日公开说：“要违反中国四万万五千万人民的愿望，长期维持蒋介石的统治，必须花费无数万万美金。”而这个独裁政府自日本投降已经得到了五十万万美金的美援。这就是那个蒋介石，他压迫了蒋管区一切真正工运，代之以典型的法西斯“劳动阵线”。这个蒋介石政府于一九四六年八月，接收了由美国产联、劳联捐款所建立的工会大楼，并驱逐了劳协合法领袖。

特务向工会领袖实行恐怖行为，有计划的破坏罢工，在今年二月间竟使用坦克及催泪毒气，摧残上海申新纱厂英勇罢工的工人（其中大部份为女工）。

中国劳协理事长朱学范先生，曾向美国工人呼吁：“劳工生存在危险中，自由民主的工运到处受到打击，自由集团受到破坏，民主领袖时刻有生命之虞。”他又说：“我们中国职工运动者，反对美国政府干涉中国内政。”

我们美国职工运动者，正从事极端的尖锐的斗争，美国大资本家，由于去年半年中获得一百八十万万的空前高度利润而威风凛凛起来，现在正向生活水准、工会组织及人民恣意进攻。物价日益高涨，但他们却拒绝增加工资。我们深信：用塔夫脱、哈特莱反劳工法案束缚美国劳工的人，对其他国家之一切劳动人民也是不利的。目前美国援助中国反动势力的政策，是美国好战政策外交的一部份。这个政策，不为人民建立房屋、生产日用品，却为别国的内战和冲突制造军火。它只能带给中国新的奴役，对美国工人来说，它意味着今天的生活费飞涨和明天的战争威胁。

一九四六年十一月，美国产联全国大会通过决议，要求停止干涉中国内政，我们同意这一态度，我们向中国兄弟职工运动者保证：我们要号召美国一切有组织的工人，我们也要号召全美国人民，要求我们政府停止干涉中国内政。

我们极愿帮助中国人民从事建设，争取和平，这只有在中国人民赢得一个真正民主政府后才能做到。

最后，我们以两国人民深刻友谊的精神，向你们热烈的致敬！祝贺中国自由民主和平胜利斗争的里程碑——全国职工代表大会成功。

（《第六次全国劳动大会》，华东新华书店，1949 年，第 132–134 页）

筹委会报告大会筹备经过

解放区工人代表大会筹委会秘书长李颉伯同志于七月三十一日在大会预备会议上，报告大会筹备经过称：解放区职工代表大会，原定一九四五年九月在延安召开。远在抗日战争开始时，华北职工即在共产党与原中华全国总工会一部份老同志的领导下，配合人民解放军坚持敌后抗日战争，参加建立抗日根据地，各地工人曾先后在陕甘宁、晋冀鲁豫、晋察冀、山东、晋绥及华中等地，广泛地建立了各业工会及各地的职工总会，至一九四五年四月，有组织的职工达八十余万人。对发动工人武装抗日，发展生产及进行职工的教育福利事业，都有很大进步。一九四五年春，陕甘宁、晋冀鲁豫、山东三地总工会，为统一领导、交流经验，曾先后发起召开全解放区职工代表大会，晋察冀、晋绥、华中各解放区总工会均纷纷响应。同年四月间，由上述各解放区总工会选派代表在延安成立筹备委员会，当选出筹委二十五人，邓发为主任，崔田夫为副主任，并决定九月间在延安召开解放区职工代表大会。旋因人民解放军大举反攻、日寇投降，各筹委与各地代表纷赴新区开辟工作、领导新区工运，致使大会的召开曾一再延期。

在此期间，筹委会曾代表解放区职工参加国际职工运动。一九四五年九月，筹委会与中国劳动协会合作，打破国民党反动派无耻阻挠，由邓发同志与劳协理事长朱学范先生共组代表团，应邀出席巴黎世界工联，首次建立了解放区职工的国际联系。邓发同志并当选世界工联执委和理事。一九四六年四月八日，邓发同志遇难后，筹委会继推刘宁一同志为主任，并代表该会出席世界工联会议。

今年三月间，由于解放战争的胜利开展，解放区有组织的职工已达二百零三万人，建立统一组织已刻不容缓，筹委会乃发出通知，定于六月十日在东北解放区首府哈尔滨召开全解放区职工代表大会。消息传出后，国民党统治区各大城市的职工极为振奋。上海、天津等地地下民主工会均先后来电要求列席大会，并建议扩大为全国职工代表大会。当时，抵达哈尔滨的中国劳协理事长朱学范先生也提出同样建议。筹委会一致同意后，即扩大筹委会组织，增加劳协代表及中国职工运动的著名领导者陈云、李立三、蔡畅、陈郁、朱学范、廖似光、张维桢、张金保、唐韵超、刘彬、郭洪涛、邵式平等参加筹备工作。其后因关内代表不能及时抵达，大会的召开又一度延期。七月十九日，扩大的筹委会一致通过决议，定“八一”召开全国职工代表大会。三十日，筹委会与全国各地各业代表团举行联席会议，并正式决定向大会提议，将全国职工代表大会改名为第六次全国劳动大会，将全国总工会定名为中华全国总工会，以继承中国工人阶级的光荣传统。

（《第六次全国劳动大会》，华东新华书店，1949 年，第 8-9 页）

中国工代大会改名为第六次全国劳动大会

定于八月一日在哈尔滨正式揭幕的中国职工代表大会已改名为“第六次全国劳动大会”，这是三十一日举行的大会预备会议所决定的。预备会议由大会筹委会主任刘宁一同志主持，首由筹委会秘书长李颉伯报告大会筹备经过，继即讨论并一致通过筹委会所提改大会名称为“第六次全国劳动大会”的提案。这一议案通过时，全场欢声四起，掌声与口号声经久不息，全体代表庄严起立，合唱国际歌，高呼“中国工人阶级胜利万岁！”“中国共产党万岁！”“毛主席万岁！”等口号，情绪至为热烈。接着，预备会议并通过了大会议事日程，代表资格审查条例，以及大会议事规则、会场规则等。最后，在全体代表的热烈拥护下，选出了大会的主席团。

为预备会议一致通过的“改全国解放区工人代表大会为第六次全国劳动大会”的议案，系由解放区职工联合会筹委会主任刘宁一、中国劳动协会理事长朱学范、上海代表团团长汤桂芬、天津代表团团长周青等联名提出，该提议称：“当此人民解放战争走向全国胜利的形势下，全国职工代表齐集于自由民主的哈尔滨举行工代大会，到会代表不仅有各解放区职工代表，而且有国民党统治区上海、武汉、天津等各大城市及全国各大产业之职工代表，无论在所代表的有组织工人的数量上或所包括之产业和地区上，都是具有充分的全国意义。因此，为了继承中国工人运动自一九二二至一九二九年召开过的五次劳动大会的光荣传统，为了统一领导全国职工运动，集中工人阶级的力量，及早推翻国民党反动统治，我们提议将这次大会定名为中国第六次全国劳动大会；大会将产生之全国组织，亦应恢复以前名称，定名为中华全国总工会。”上述提议时经七月三十日召集的大会筹备委员及各代表团团长联席会议慎重讨论通过，在提交三十一日预备会议最后通过后乃正式确定。

大会主席团名单

预备会议通过之主席团人选共三十四名。计：陈云、李立三、蔡畅、陈郁、刘宁一、朱学范、李颉伯、唐韵超、张金保（以上都是长期从事中国职工运动、在全国工人阶级中有极高威信者）、汤桂芬（上海民主工会的代表，上海纺纱厂女工）、高林（华南民主工会代表）、李启新（武汉民主工会代表）、周青（天津民主工会代表）、李莲山（平汉铁路民主工会代表）、高长久（东北军工工人总工会主任）、张维桢（哈尔滨市职工联合会主任）、李明哲（东北铁路工会主任）、赵占魁（陕甘宁边区著名劳动英雄）、刘英源（哈市电业劳动英雄）、钱志道（东北军工化学总厂厂长）、廖似光（中国劳动协会理事）、林锵云（两广解放区职工代表）、杨开林（晋绥军工部副部长，中国人民解放军最老的修械士）、张福林（山东总工会副主任，枣庄煤矿的老工友）、孙玉蕙（晋察冀总工会主任，唐山老矿工）、李仙（太岳职工联合会主任，太原老军工工人）、王群（辽南职工代表团团长）、梁永福（参加过二七运动的老工人）、章萍（冀察热辽职工代表团团长）、刘崇山（安东职工代表团副团长，三十年的窑业工人）、隋振东（东北鹤岗煤矿劳动英雄）、孙好清（东北第一工矿处劳动英雄）、王月轩（小丰满发电厂模范工作者）、刘启寿（东北解放区军工部工人，特等功臣）。

预备会议通过之大会议程为：（一）致开幕词；（二）政治报告；（三）关于中国职工运动当前任务的报告；（四）关于国际职工运动工作的报告；（五）关于国民党统治区职工反侵略、反压迫、反饥饿运动的报告；（六）中华全国总工会章程的报告；（七）通过宣言、通电及各种决议案；（八）选举执行委员会；（九）选举出席世界职工代表大会之代表。

（《第六次全国劳动大会》，华东新华书店，1949 年，第 5–7 页）

大会揭幕

具有重大历史意义的中国第六次全国劳动大会，在人民解放战争走向全国胜利的时候，已于本月一日在东北解放区之首府哈尔滨正式隆重揭幕。这是中国工人阶级在中国共产党领导下，继承着从一九二二年到一九二九年全国五次劳动大会之光荣传统底一次盛大的集会，也是中国工人阶级在反对国民党反动派及美帝国主义的总目标下空前团结的大会。出席这次大会的工人代表，包括全国各个地区、各大产业部门和各种工会组织的代表。其中计有华北、华东、东北、西北、中原、两广等各解放区的代表，上海、天津、武汉、华南等国民党统治区各大城市的代表，铁路、矿山、军工、电业、纺织等各大产业部门的代表，以及解放区职工总会、中国劳动协会、国民党统治区地下民主工会等各种工会组织的代表，共五百零四人（总计代表全国有组织的工人二百八十三万）。中共东北中央局副书记及东北军区副政委罗荣桓、东北行政委员会主席林枫、松江省政府主席冯仲云、哈尔滨特别市市长朱其文均出席参加；此外，东北解放军士兵及农民、妇女、青年等团体亦选派代表出席大会，济济一堂，充分显示了中国工人阶级近二十年来，在中国共产党领导下，已胜利的发展为一支强大的有组织的力量。

大会开幕典礼，于一日上午十时在全体代表、来宾热烈的欢呼和高唱国际歌声中庄严开始。首即通过了大会名誉主席团，计有：全世界工人阶级的领袖斯大林同志，中国工人阶级和全国人民的领袖毛泽东同志，中国人民解放军总司令朱德同志，苏联总工会主席库兹涅佐夫同志，世界工联会总书记赛扬同志。当以上名单宣读时，乐队高奏国际歌，全体代表均起立致敬，热烈欢呼，经久不息。

接着李立三同志代表主席团致开幕词，宣布第六次全国劳动大会正式开幕！他说：无论是大会所代表的人数、产业部门或者地区，都显示出这次大会真正是全国工人阶级的大团结。立三同志综述历次劳动大会及中华全国总工会在中国工人阶级为自己解放、为民族解放的革命斗争中所起的巨大作用。立三同志的开幕词历时三小时，不时为全场四起的欢呼鼓掌所打断。

继此，大会以半小时的时间，在全场代表连续不断的欢呼中，由主席团宣读了大会收到的中共中央委员会、世界职工联合会、法国职工联合会、美国各民主工会、旅法侨胞职工联合会，以及国内中国劳动协会、解放区各方贺电与贺信等五十余件。接着各界来宾纷纷登台致辞祝贺。

首先是中共中央东北局及东北军区司令部代表罗荣桓同志讲话，他指出这次大会的召开，是中国人民解放战争胜利的标帜。由于中国共产党的领导，与中国人民解放军的英勇奋斗，战争已由防御转为进攻，由分散的游击战转为高度集中统一的攻坚战与运动战，并已取得重大胜利，还要在全国范围内取得胜利。同时他也指出这次大会的召开，又是一个响亮的战斗号召，使得全国工人阶级与全国人民，更加团结一致，发扬过去英勇奋斗的传统，在中国共产党及其领袖毛主席领导下，大踏步向着胜利迈进。罗荣桓同志号召中国工人阶级团结起来，在解放区应该加紧发展生产，支援前线，保证军民物资的供给；在国民党统治区，则应积极准备力量，配合解放军的攻势，解放一切城市。

接着林枫同志代表东北行政委员会致辞。他认为这个大会在东北召开，给东北人民带来无限的光荣。他特别指出中国工人阶级的团结就是力量。尽管有着无数的困难，尽管国内外敌人是如何凶恶，只要工人阶级团结起来，在其先锋队中国共产党的领导下，团结并领导各革命阶级一同斗争，一定能够获得胜利。他说，这胜利已在全国解放区实现。毫无疑义的将会在全国范围内实现。林枫同志号召解放区的工人阶级积极参加民主政权的各项建设，使工人阶级在革命阵营中始终成为领导力量，成为核心和骨干。松江省政府主席冯仲云和哈尔滨特别市市长朱其文，均先后代表全省和全市人民向大会致贺。接着士兵代表周世才、农民代表李学思、妇女代表林德，以及青年代表林汉等，也都相继致辞祝贺，愿与全国工人阶级团结一致，为推翻国民党的反动统治及建立新中国而奋斗。每个来宾致辞时全场均报以热烈欢呼。各界来宾致辞毕，哈市总工会五百余工友代表，即在锣鼓喧天声中，前来为大会献旗祝贺，会场内外欢呼声响成一片，空气极为热烈。

最后大会在热烈欢呼中，通过致全世界工人阶级的领袖斯大林，中国人民领袖毛主席及中共中央，以及朱总司令和中国人民解放军指战员等之通电。至此，中国第六次全国劳动大会庄严热烈的开幕典礼遂于全场高唱国际歌声中宣告礼成。

下午五时，中共中央东北局、东北行政委员会、东北军区司令部联合设宴招待大会代表，晚上并举行平剧晚会，直至深夜始尽欢而散。

（《第六次全国劳动大会》，华东新华书店，1949 年，第 12–15 页）

致毛主席及中共中央电

第六次全国劳动大会于八月一日在东北解放区首都哈尔滨隆重开幕。谨代表全国职工向你——中国工人阶级和中国人民的领袖毛主席和中共中央委员会致崇高的敬礼，中国工人阶级由于得到了以毛主席为首的中国共产党的领导，才能在为自己解放、为民族解放的伟大斗争中，在将近三十年的坚韧顽强的长期斗争中，不为暂时的黑暗迷失方向，不为暂时的胜利冲昏头脑，而发挥了无上的英勇牺牲精神和智慧，领导全国人民击败了一切凶残暴厉、黑暗反动的内外敌人，摧毁了北洋军阀的封建统治，打倒了凶恶的日本帝国主义，最近两年又粉碎了比以前一切反动势力更凶恶更残暴的、得到美帝国主义援助的国民党反动军队的进攻，解放军在全国展开了强大的进攻，使国民党的反动统治走向崩溃灭亡的末日，使全国人民的解放胜利日子更益接近了。这一伟大胜利，更加鼓舞了我们的勇气，坚定了我们的信心。我们深信在中共中央的领导下，在马克思主义的天才战略家毛主席领导下，我们全国工人和全体人民不仅能很快的摆脱美帝国主义和国民党反动势力的奴辱压迫，而且必能胜利的建设自由民主兴盛繁荣的新民主主义的新中国。我们这次大会一定遵照你的指示，研究出实现中国工人阶级当前任务的方针与策略，使这次大会成为团结胜利前进的大会，并号召全国职工团结在共产党周围，团结在毛主席的旗帜下，联合全国民主阶级，支援人民解放战争，以达到迅速打倒国民党反动统治、实现解放全国人民、统一全中国的胜利。

第六次全国劳动大会主席团及全体代表

1948 年 8 月 1 日

（中华全国总工会中国工人运动史研究室编：《中国工会历次代表大会文献》，工人出版社，1984 年，第 490—491 页）

致朱总司令及各战区将领与全体指战员电

朱总司令及各战区将领与全体指战员同志：

第六次全国劳动大会于中国人民解放军诞生的“八一”伟大纪念日在哈尔滨隆重开幕。大会谨代表全国职工向你们致敬！

在中国的革命历史上，人民解放军已创立的丰功伟绩，是无法计量的，尤其是从一九四六年七月为了抵抗美国帝国主义走狗国民党反动派的进攻而开始的人民解放战争，在第一年的作战中胜利地粉碎了国民党匪军的倾巢进犯之后，到战争的第二年就转入了大规模的进攻，广大的土地，广大的人民，继续从国民党反动派的血腥统治下解放出来。

最近中原、晋中、华北、华东各大战场上的惊人大捷，区寿年、赵承绶、康泽等匪首先后被活捉，开封、兖州、襄阳等强固设防城市不断被攻克，进一步证明了人民解放军的力量，是已经强大到无敌不破，无坚不摧。

因此，国民党反动统治的最后结束之期，已经愈来愈近了。这都是朱总司令和各级将领英明指挥以及全体将士正确地执行了毛主席的战略方针与各项政策，并高度发挥了人民军队英雄主义之结果。大会一定进一步动员全国职工，以全力支援革命战争，直到最后胜利。

第六次全国劳动大会谨上

1948年8月1日

（中华全国总工会中国工人运动史研究室编：《中国工会历次代表大会文献》，工人出版社，1984年，第491–492页）

致斯大林电

斯大林大元帅并转全苏人民：

中国第六次全国劳动大会已于今日——八月一日在被红军解放了的哈尔滨隆重揭幕，这是中国工人阶级和全国人民解放斗争的胜利标志，这胜利和苏联人民历来对中国革命事业的同情与援助不能分开，特别在抗日期间，苏联除以精神的声援和物质的帮助外，更不惜自己的牺牲，出动了英勇红军最后击败日本帝国主义，解放东北，使东北四千万人民摆脱十四年的奴隶生活，帮助全中国人民的解放，这种丰功伟绩，是中国人民永远深记不忘的！

大会特向无产阶级的革命导师斯大林大元帅与全苏人民表示着真诚的感谢，并致无产阶级最崇高的敬礼！

中国第六次全国劳动大会

1948年8月1日

哈尔滨

（中华全国总工会中国工人运动史研究室编：《中国工会历次代表大会文献》，工人出版社，1984年，第490页）

致世界工联电

世界工联总书记赛扬同志并转各国工友们：

中国劳动协会与全国解放区职工联合会所共同召集之中国第六次全国劳动大会有解放区与国民党统治区所有一切真正职工组织参加，代表全国有组织的工人二百八十三万。大会一致决定坚决拥护世界工联会。忠贞不移的执行世界工联争取民主和平工运统一的原则。并以至诚向世界各国巩固为和平而斗争，为民族独立而斗争，为民主自由而斗争，为工人社会经济地位改善而斗争的工友们致热烈的敬礼！

我们中国职工，已经获得了空前大团结的胜利，正在为着中国的独立自由解放的事业和工人阶级地位的彻底改善，与美帝国主义的侵略、国民党的反动卖国压迫职工的统治进行英勇的斗争，且已日益接近全国胜利。

可是美帝国主义为了巩固他已在中国夺得的一切特权并进一步把中国变为他的完全的殖民地，正疯狂的给他的走狗国民党反动集团以一切经济军事的援助。国民党军队所用的飞机大炮枪枝子弹都是美国及其附庸国供给的，而且驻在中国的美军直接干涉中国内政，曾屡次帮助国民党军队进攻中国解放区，并在上海、青岛等地虐杀中国工人。我们代表全中国工人向世界各国工人首先是美国工人呼吁给我们的正义解放斗争以兄弟的援助，反对美帝国主义干涉中国内政，拒绝运输军火到中国来。并要美军退出中国，中国独立解放斗争的胜利也就是远东和平与世界和平的进一步巩固的保障。

中国第六次劳动大会主席团

（中华全国总工会中国工人运动史研究室编：《中国工会历次代表大会文献》，工人出版社，1984 年，第 492–493 页）

中共中央华东局山东省政府苏皖边区政府等贺电

中共中央华东局、山东省政府、苏皖边区政府、山东职工总会、军区、行政公署职工联合总会、青联、妇联等顷纷纷电贺在哈尔滨开幕之第六次全国劳动大会。华东局之贺电略称：第六次全国劳动大会的召开，不但对解放区工人是一个伟大的鼓舞，而且对国民党统治区工人反对美帝国主义与国民党反动统治的斗争是一个强有力的推动。我们热烈希望第六次全国劳动大会及中华全国总工会在自己先锋队——中国共产党的领导下，率领全国工人阶级发扬“二七”以来自我牺牲、英勇奋斗的光荣传统，巩固全国工人阶级的团结，为加速新民主主义革命在全国胜利而奋斗。

（《第六次全国劳动大会》，华东新华书店，1949 年，第 135–136 页）

晋冀鲁豫、晋察冀两总工会致第六次全国劳动大会的贺电

晋冀鲁豫职工会与晋察冀总工会，顷联名电贺第六次全国劳动大会。贺电称：我们晋冀鲁豫与晋察冀两区工会正在筹划两区职工组织的统一与行动的统一，以便更高度的发挥我们在生产战线上的英雄主义，为恢复与提高华北的解放区的工业建设而奋斗，我们誓以更加奋勉的努力，来迎接大会所交付我们的战斗任务，在全国统一的职工运动中，恪尽我们的职责。

（1948 年 8 月）

（河北省总工会工运史志研究室、山东省总工会工运史研究室、河南省总工会政策研究室、山西省总工会工运史研究室编：《晋冀鲁豫革命根据地工人运动文献汇编》，1988 年，第 78–79 页）

西北党政军暨陕甘宁晋绥总工会贺电

西北党、政、军暨陕甘宁、晋绥总工会于一日电贺哈尔滨全国第六次劳动大会。中共西北局，陕甘宁边区政府，陕甘宁、晋绥联防军区司令部政治部在联署的贺电中称：你们今天的大会，将使中国工人运动迅速向前迈进和达到完全的统一。这对全国人民解放斗争实有重大意义。陕甘宁、晋绥总工会的贺电略称：我们西北解放区的全体工人在你们直接领导下，将更加团结一致，发扬高度的劳动热忱和革命的英雄主义，努力生产，支援战争，并与全国的工人阶级密切地团结起来，共同奋斗，迎接全国人民解放战争的早日胜利。

（《第六次全国劳动大会》，华东新华书店，1949年，第135页）

中原中央局等贺电

中共中央中原局及解放军中原军区顷电贺第六次劳动大会称：正当人民解放战争胜利地进入第三年，全国解放区职工代表大会之召开，对于团结全中国人民战胜美帝国主义及其走狗国民党反动派，建设新中国的事业的胜利，将是一个重大的保证，我们将以大量歼灭国民党军队、巩固中原新解放区来祝贺大会成功。

（《第六次全国劳动大会》，华东新华书店，1949 年，第 138 页）

中国劳动协会理事会贺电

中国劳动协会理事会于一日电贺第六次全国劳动大会称：

“大会之召开，显示了全国工人阶级及一切劳动人民在以毛主席为首的中国共产党领导之下，日益走向全国的全面胜利，本理事会谨代表中国劳动协会全体会员向大会致崇高的敬礼和衷诚之拥戴。并祝大会胜利，团结全国工人阶级与一切劳动人民，迅速打倒以四大家族为代表的封建势力与官僚资本的统治，结束蒋家匪帮独裁政权及美帝国主义对于中国的侵略，联合全国人民向民主、自由的新民主主义的新中国前进。”

（《第六次全国劳动大会》，华东新华书店，1949年，第137-138页）

华东解放军贺电

华东人民解放军全体指战员及山东兵团司令员许世友、政治委员谭震林，电贺哈尔滨第六次全国劳动大会。华东解放军贺电称：我们是中国无产阶级领导的人民解放军，我们队伍里很多人过去是工人，因此我们听到全国工人代表在哈尔滨开会的时候，感到异常的亲切和兴奋。

许谭贺电于指出大会在解放战争胜利在望之际召开的伟大历史意义后称：大会开幕又恰当中国工人阶级与中国人民自己的武装——中国人民解放军建军二十一周年的伟大节日，这就更意味着大会的战斗精神。我们在遥远的前线庆祝大会的胜利与成功。

（《第六次全国劳动大会》，华东新华书店，1949 年，第 136 页）

华北野战军第一兵团贺电

华北解放军野战军第一兵团司令员兼政治委员徐向前、副司令员兼副政治委员周士第率全体指战员，顷电贺哈尔滨第六次全国劳动大会称：

大会的召开，对于团结全解放区、全国工人阶级及团结全国人民，巩固与加强反对美帝国主义奴役，反对国民党反动统治的民族统一战线，对于发展解放区的生产，更有力地支援前线，俾尽速地争取中国人民民主革命的全国胜利，是有着极其重大的作用的。我们愿为解放太原而紧张地战斗，配合大会的胜利进行，以不断的战斗胜利作为庆祝大会的贺礼。

（《第六次全国劳动大会》，华东新华书店，1949 年，第 137 页）

苏联总工会贺电

苏联总工会向中国民主工会代表大会的全体代表，致热烈的敬礼！希望你们在你们英勇工作中，获得巨大的成功。这一英勇的工作会帮助在最近时期，实现中国的真正民主革命，来根本改善劳动者的状况。苏联工会坚决相信，中国民主工会今后会更积极为中国的民主化、为巩固世界职工联合会而斗争。致同志的敬礼！

苏联总工会主席库兹涅佐夫

（《第六次全国劳动大会》，华东新华书店，1949 年，第 131—132 页）

致海外侨胞电

海外各通讯社、各华侨团体侨胞公鉴：

我们中国第六次的全国劳动大会，胜利的在人民自己的城市哈尔滨开幕了，我们兴奋的团结了全国工人阶级的力量，检讨了我们在解放区和国民党统治区奋斗的经验并规定了今后任务，准备迎接将近到来的全国人民解放事业的胜利。同时，我们以最关切的心情，惦念着我们各地华侨工友和全体侨胞。

华侨的爱国热忱和对祖国的贡献，是全国人民所熟知的。无论是辛亥革命时期、大革命时期、抗日战争时期，侨胞们都是热心支持者。在抗战时期，各地侨胞特别是侨工奔腾澎湃的救亡运动、捐献运动，甚至回国参加抗日的人民武装；在日寇侵入东南亚的时期，许多侨胞直接参加了当地的抗日斗争。这就是说在中国和东南亚的抗日战争中，我海外侨胞光荣地尽了自己的一份责任。

侨胞们也同国内人民一样，渴望一个独立、自由、民主、统一与富强的新中国。然而国民党反动统治的一切内政外交措施，却完全违背了全国人民和侨胞的愿望。他们为了四大家族、官僚资本家以及大军阀、大地主甚至大汉奸的利益，为了卖国独裁和反革命内战，竟执行着满清的“宁赠友邦勿予家奴”的政策，向美帝国主义叩头求助，把中国海、陆、空的主权，内河航行权，关税权，开发权，各种各样的主权都双手奉送给美帝国主义。他们把日本战犯聘为高级顾问，以至使用日本法西斯武装来进攻中国人民；在中日和会还未开，和约未定的时候，他们就奉承美帝国主义意旨，高唱对日宽大，纵容日本帝国主义的复活。为了官僚资本家的腰包，他们既已纵容了美帝货物在中国的倾销，又恢复与日寇通商，让日货重行充溢市场，使中国民族资本遭受空前打击，工人大量失业，使广大人民饥饿破产，使大量同胞逃亡海外求生，使各地侨胞在国内经营之经济大遭破坏，使侨商无业可营，侨工无业可就。总之一句话，国民党反动统治要把中国变为美帝国主义者的殖民地，使全国人民及各地侨胞更加陷入奴隶生活的深渊里。

国民党反动统治在海外各地所直接加于侨胞的罪行，更是你们所亲受熟知的。他们勾结帝国主义和当地反动统治，压迫你们的爱国民主切身利益的合法活动，封闭你们的学校和报纸，逮捕人员或驱逐出境，他们更使用各种阴谋欺骗以挑拨侨胞内部及侨胞同当地民族间的团结，甚至以特务手段达到他们的目的。所有这些事实说明，美帝国主义者及其走狗国民党反动集团在中国的统治一天不消灭，广大侨胞的苦难是无法解除的。

侨胞们，我们深切的同情你们的当前处境，我们同样深切地关心你们的爱国运动与保护自己切身利益的斗争。现在由于有共产党的领导，中国人民和中国解放军的力量已经空前地强大起来，美帝国主义者及其走狗国民党反革命集团在中国的统治则日益走向灭亡，不管美帝国主义怎样帮助，也无法挽救其走狗的覆没的命运。中国工人阶级和全国人民解放的日子已经不远了，而这个日子的到来，同时也就来了侨胞们的光明。我们衷心的相信你们今后一定能够团结得更好，侨胞与当地民族之间也团结得更好，使国民党特务无从施展其挑拨离间的伎俩，加强争民主、争自由与支持祖国解放的运动，配合国内人民争取全面胜利的早日实现。

目前解放区工友和各界人士正以最高的热忱加紧生产，繁荣经济，努力支援人民解放战争。同时衷心的欢迎海外工友及工商业人士到解放区来参加工业建设，与解放区人民一起，为建设独立、自由、民主、统一与富强的新中国而奋斗。

第六次全国劳动大会

1948 年 8 月 21 日

（中华全国总工会中国工人运动史研究室编：《中国工会历次代表大会文献》，工人出版社，1984 年，第 493-495 页）

中国劳动协会祝中华全国总工会成立

在哈尔滨举行的第六次全国劳动大会，已于上月 22 日圆满闭幕。这次大会，是胜利的大会、团结的大会、前进的大会。它总结了全国工人阶级在过去廿年的奋斗经验，检讨并巩固了全国工人阶级在反帝、反封建、反官僚资本的斗争中获取的胜利。加强了全国工人阶级的团结统一，以坚毅不屈、齐心一致的步伐，朝向人民解放战争全国胜利的总目标迈步前进。在这次大会上，中华全国总工会正式恢复了，这是中国工运史上一桩划时代的重大事件，它标志中国工人阶级的伟大胜利，同时也表示中国民主革命已临全面胜利的阶段。

中华全国总工会在今天成立，是中国工人阶级长时期斗争的结果，是对国民党反动派的分裂政策、破坏政策、压制政策斗争的胜利结果。自从民国十六年反动派叛卖革命、屠杀工人先进分子、解散中华全国总工会以来，工人运动曾一度陷于低潮的状态中，在反动派的包办控制下，工人的一切自由权利，被剥夺净尽。抗日战争爆发后，中国工人在不同情况的区域中展开斗争。沦陷区的工人，以各种手段，进行破坏与阻滞敌伪生产。解放区的工人，以大力从事生产，支援前线。后方自由区的工人，虽然在没有自由权利和生活困苦的条件下，但也尽力增加生产，供给军需民用。抗战结束后，反动派企图一手获夺人民对日战争胜利的果实，继续保持其独裁统治，于是内战重新爆发，解放区工人的肩头上，负起更重大的责任，以积极生产，来支援解放战争。蒋管区工人则在经济与政治的两重压迫下，展开反迫害求生存的斗争。两年多内战的结果，是反动派在军事、政治、经济各方面陷于绝境，是人民解放军在战场上握得完全主动的地位，是解放区土地改革的顺利进行，是新政协号召的提出。这样，中国的历史就发展到了转折点，而面临民主革命的全面胜利。

第六次劳动大会的胜利闭幕和中华全国总工会的成立，对于民主革命的胜利，具有非凡重要的意义，全国工人阶级今后在统一组织领导下，发挥其伟大磅礴的力量。

（1948 年 9 月）

（陆象贤主编：《中国劳动协会简史》，上海人民出版社，1987 年，第 226–227 页）

报刊报道

庆祝全国第六次劳动大会开幕

在人民解放军各路雄师连续大捷、胜利跨入解放战争第三年时，中国工人阶级优秀代表，于今天——伟大解放军诞生的日子，在东北解放区首府哈尔滨，召开全国第六次劳动大会。

我国各强大职工组织，包括全国解放区职工总会筹备会、中国劳动协会、东北及关内解放区各地区各产业工会，都有代表与会，特别是国民党统治区各大城市：上海、武汉、天津、广州等地的工会，在极端恶劣的环境下，选派代表，通过严密监视层层封锁，艰辛跋涉万里，胜利到达哈市，更令人无限兴奋。从第五次全国劳动大会后已廿年了，二十年来，工人阶级久久期待的大团结今天实现了，全国工人统一的战斗组织，也将由此诞生，因而这次大会具有特别重大的历史意义与政治意义。

这次大会继承了历次劳动大会的光荣革命传统，并将继续发扬光大。一九二二年在中国共产党领导下，成立了中国劳动组合书记部，毛泽东同志是当时书记部领导者之一。次年即于广州召开了第一次劳动大会，并即掀起了轰轰烈烈的英勇斗争，这就是震动全国反动派并使帝国主义胆寒的香港海员大罢工、京汉铁路大罢工、五卅运动、省港大罢工、广州暴动与上海工人的三次起义。而自国民党蒋介石匪帮实行残忍险毒的反人民大背叛以后，一九二九年在上海秘密召开了第五次劳动大会。自此，工人阶级在共产党与毛主席领导下，联合一切劳动人民及民主阶层，艰苦坚韧进行了十年土地革命与八年抗日战争及今天的人民解放战争。

中国工人阶级为自己解放、为中国独立自由民主，已百折不挠、刚毅卓绝的奋斗了将近三十年。但是历史上从未像今天这样令我们充满无限胜利信心，今天是处在完全新的历史条件下。这就是在中国共产党和毛泽东同志英明准确领导下，由于解放军的英勇善战，由于解放区全体人民及国民党统治区广大人民群众不顾牺牲的努力和奋斗，已经使中国人民革命战争取得了极其伟大的胜利。人民解放军在两年空前规模空前激烈的战争中，已经削减了国民党反动军队二百六十四万，连同抗日时期被解放者在内，共解放了一万万六千八百万人民。人民解放军不独是完全打退了美帝国主义援助的国民党反动政府向解放区的进攻，而且掌握了战争主动权，向国民党统治区举行了强大的进攻，使敌人完全处于被动，使国民党反动政府的统治走到摇摇欲坠和土崩瓦解的边缘，在这种新形势新条件下，工人阶级的首要任务就是要尽一切努力，紧密团结全国人民，在各方面坚决支援人民解放军，尽可能迅速的在全国范围内战胜美帝国主义及其走狗国民党反动政府，解放全中国人民，统一全中国。也就是完成以工人阶级领导的人民大众反对帝国主义、封建主义、官僚资本主义的新民主主义革命。为此，中国工人阶级必须首先团结自己，并团结农民，独立劳动者，自由职业者，知识份子，自由资产阶级及开明士绅，建立反对美帝国主义及其走狗国民党反动政府的民族统一战线，建立所有各民主阶级联合专政的人民民主共和国。

这次大会面对着这样艰巨但极其光荣的历史任务，工人阶级必须深切懂得只有完成这个伟大任务，才能改善自己目前所处的悲惨状况，才能改善其他民主阶级人民目前被压迫的状况，这是工人阶级和其它民主阶级当前的最高利益与最高任务。在这个伟大斗争中，工人阶级应该而且必须站在最前列，并使自己成为各民主阶级人民革命的领导者。

因此这次大会必须认真总结过去的经验，根据当前的首要任务，清醒的认识困难和阻碍，确定今后前进的方针，具体规定国民党统治区和解放区职工运动的任务。特别是由于今后解放区的工业生产已被提到空前主要的地位，因此对于发展工业中计划性、生产管理、培养干部、工时、工资、劳动竞赛运动及劳动保险、职工福利事业等问题，应作出适当的系统的决议，同时还应认真负责的选出工人阶级统一的全国组织，以发挥更大的战斗作用，团结全国职工，指导各地职工群众的行动。

三十年来，中国工人阶级在其先锋队共产党领导之下，经历过无数英勇壮烈的斗争，胜利的渡过了各种各样的崎岖险途惊涛骇浪，数十万阶级弟兄与革命志士付出了自己的鲜血与生命，今天正雄壮的走向全国胜利，而第六次劳动大会适于此时在哈尔滨召开，全国人民仰首北望鼓舞欢欣。我们相信大会在共产党中央和毛主席指导下，一定获得圆满成功。我们高呼：

庆祝第六次劳动大会，全国工人团结起来，联合全国各民主阶级人民，在毛主席旗帜下前进！

打倒国民党反动政府，中国人民革命战争胜利万岁！

（《东北日报》，1948年8月3日，第一版）

朱学范代表劳协发言

劳动大会在讨论目前政治形势与中国职工运动当前的任务时，朱学范代表中国劳动协会向大会发言。他首先向这次标志中国工人阶级团结胜利的大会祝贺，并指出这一胜利，是在毛主席的英明正确的领导下，中国人民解放战争胜利发展的结果。

朱氏继即指斥国民党蒋介石为卖国集团及人民公敌。他说：全国人民八年抗战，在中共的坚持与领导下，赶走了日本帝国主义，但国民党反动派又引进了美帝国主义来侵略中国，美国的军队、飞机、轮船可以在中国驻扎、自由飞行与行驶；美国的资本、商品可以在中国设厂开矿与倾销，朱氏问道："试问这许多蒋美条约不是拿中国主权送给美帝国主义是什么？国民党反动派不是卖国集团是什么？"朱氏又称：国民党反动派发动内战，镇压民主运动，杀害人民，以劳协为例，它的机构被武装接收了，劳协的会员有些被杀害和拘捕，干部有的被通缉或陷害。国民党统治区工人组织全被国民党的一批党棍、特务把持操纵，国民党统治区物价飞涨，工人在饥饿线上挣扎。工人为生存为自由而斗争，但国民党反动派就用机关枪、手榴弹、刺刀来镇压他们。上海、汉口、重庆、天津等地工人领袖与工人被捕被杀的就有好几千。他说："试问蒋介石不是人民公敌是什么？不是屠杀工人的刽子手是什么？"

朱氏表示完全同意陈云等人的报告，他说："根据国民党统治区工人斗争的经验，证明陈云等人的报告是正确的，是中国工人阶级团结前进的胜利方向。我们国民党统治区工人阶级要用各种各样的方式进行斗争，聚积力量，扩大队伍，准备迎接人民解放军。"

朱氏说：全国工人阶级必须揭破接近失败的美帝国主义所支持的国民党反动集团所玩弄的一切"和平"阴谋，团结一致，推翻美帝国主义走狗国民党在中国的反动统治。最后他代表劳协拥护中共中央"五一"口号中关于"召开新的政协会议，实现召集人民代表大会，成立联合政府"的主张，并希望这一没有反动派参加的新政协早日实现。

（《第六次全国劳动大会》，华东新华书店，1949 年，第 147−148 页）

晋冀鲁豫代表李仙在全国六次劳大的发言

按：一九四八年八月在哈尔滨召开全国第六次劳动大会，晋冀鲁豫边区总工会组成以李仙为团长、申梦华为副团长、苏群为秘书长的出席大会的代表团，团员有：区茂德、梁来源、周志来、李丰谋、秦玉宝、谢其昌、李薪、胡剑青、甄荣典、邵学林、张长印、王五成、赵师傅、张风歧、郎成太等。李仙当时任太岳区工会主任。

听了两个报告，经过前天、昨天两天的讨论，我们晋冀鲁豫代表团全体同志完全同意并热烈的拥护。因为这两个报告，不仅适合于工人阶级和全国人民目前利益和需要，而且适合于工人阶级与全国人民的长远利益和需要，同时更适合于各个解放区工业建设和工运需要。因此，我提议把这个报告变为大会的决议，并责成总工会须对各级工会和全体职工贯彻到底。为什么我们同意？我拿两件事说明理由：

在一九四六年六七月间，我们诚心诚意与国民党进行和谈，新乡小组要求合办焦作煤矿，在第一次谈判后，不久便派来飞机轰炸，发电厂工人们说：就不是诚心和谈，而是来砸饭锅。过几天又来用调查轰炸情形的名义到矿口，工人们就不满意，提出反对并认为这是黄鼠狼给鸡拜年没安好心，假仁假义，不让他进机器房。美国人还亲手拿起穿铜弹说这是美国造的，又拿起一颗杀伤弹也说是美国造的，给工人再三解释：我们带走，一定交给北平执行小组处理这个问题。接着刚离开焦作矿，国民党就派军队进攻焦作煤矿，由此说明蒋美的和平，其实质就是为了军事进攻。这样的事情很多，因此，任何和平阴谋都不需要，我们的出路只有一个，正如陈云同志报告中所说，彻底推翻帝国主义及其走狗蒋介石，再没有第二条出路。

在刘邓大军和陈谢大军南下时，我们各个职工特别是军工部门的职工，大家高兴极了，都是自动自觉的努力早日完成他们的生产任务。如太岳被服厂给南下大军赶做军大衣，上级命令是限定两个月内完成，每架机器每天按十八套标准产量计算，经过工厂管理委员会和各个小组的讨论，每个职工都谈出了自己如何争取早日完成上级给自己的任务计划，使大军早日南下，结果，一个月就完成了。一天一架机器一般的平均达到三十五套左右，最多的是四十套。在劳动时间上也增加了，工厂规定十小时工作，工人提出增加两小时义务工作，不挣工资，这就变成了十二小时，在未到上工前就把零星活做好了。还有一部分积极分子，夜间偷偷的做工作，有的做到十四小时到十六小时，他们的生产情绪之高，难以形容了，病号也没有了。

苗厂长告诉我们说：现在我们的工作、我们的工厂不是怕工人不好好的工作，而怕的是工人们不到时间就偷偷的工作，这样工作时间长了把工人身体累坏了，对我们长期打算是不利的，经过再三说服，工人们总是不听，一直到完成了任务。这就说明，解放区的职工已经在积极生产支援前线。当然也有一些落后分子，可是在大家都在积极工作的生产高潮中，落后的也就带上走了，这种情绪正如陈云同志所指示的，我们的解放区职工应努力生产支援战争，争取工人阶级彻底解放的胜利。

一九四七年，我区正开展全面的生产立功运动，在这个大的运动当中，职工同志就深刻体验到我们的工厂还有好多不够完整的地方，再不改进就赶不上形势的发展需要，因此也提出来企业化和民主管理的方式来，搞得比较好的工厂曾进行了资材登记工作及经济核算，开始建立科学的经营管理班，这方面取得若干经验。

（一）实行按件工资到多劳多得，打破了过去的消极情绪，生产效率普遍提高到一倍、二倍，如军工部第五厂一月的生产量百分之百，冬季则增加到百分之二百一十二，加了一倍多。工人数春季是百分之百，冬季则减成百分之九十七，这样看来人数是减少了，但工作效率是特别提高。再如冀南很多的印刷厂大部印机在运动前开始出纸一天十二小时是四千张，在运动中平均达到九千张，最高的达到一万二千三百张。四开纸由五千张平均达到一万一千张，最高的是一万四千张。又如太岳炸弹所由四十张增加到七十张，又如冀南区被服厂由十四套平均增到三十套最高四十五套，为了保证质量进行严格检查成品，由干部检查变成群众性的检查的互相学习，大家公认质量好坏。

（二）减少了许多不必要的浪费。过去的财产库存与帐目不对，有的东西丢了、烂了还不知道。如银行在开荒地当中挖出了二十磅重汽油，帐上没有。过去，印一张票子六开张，需要油墨十两至十二两，现在只用五两至六两。再如机器厂做坏了零件时，有时扔在房顶上叫作上天，有时扔到水沟里叫作入地，到处都有扔的。实行企业化后，建设了严格的领取制度，领多少收多少，克服了乱摔的现象。其次如刘伯承工厂在春季生产一付东西需要一百斤小米，到冬季则要三十三斤半就行。在报废数量上如铜锁厂过去报废百分之三十，减到百分之一，规定了各科提高一定的报废数量超过规定时扣工资。另一方面也出现了技术和工具的改进。如太岳区史来水，将化铁炉由三十箱增加到一百二十箱；王永楷改造了寸火机，比过去增加了六倍的产量，这些都是节省开支降低成本与企业化分不开的事。

（三）减少了一些不必要的干杂人员。如军工部在企业化前干杂人员占全体人数的四分之一到六分之一，企业化后减到十分之一，人员减少，工作效率相反提高，这是由于机构健全制度合理。同时在全区来说也培养和提高提拔了工人出身的厂长技师，我个人知道的就有二百多个，也出现了不少的劳动英雄和模范工作者。如像甄荣典就是边区特等劳动英雄，在破旧落后的机器条件下一天出四百八十个大炮弹，工人叫他是“炮弹大王”，像张长印一天出四十五套单罩衣，工人叫他“火车头”，像邮工侯金龙平时每天跑一百里担七八十斤，最高纪录到一百六十六里（担三四十斤）。这些英雄据我个人知道的有五十多个。

（四）减低了成本，有两个工厂在同一时间做同样工作，一个是实行企业与民主管理做出成品，合九千元；一个是实行供给制度的管理，做出成品是三万元。这样就可以知道供给制度在企业部门是非常不合理的，当然后一种在生产这种东西的时间不久，也是个原因，而最主要的原因是未实行企业化，生产效率低，其他在经营管理上减去了不少的烦碎事情，在稳定人员情绪上、在改进技术业务上都起了很大作用。新的管理企业化，是各个企业部门必须要走的道路。但是，这种制度的实现，必须建筑在民主的基础上。建立工厂管理委员会，健全生产小组，发动以生产为中心的竞赛运动，定出赏罚制度，虽然在这一年冬，工厂企业化的奋斗中所取得的经验还不是很完整，但由此也可以体会到陈云同志所提出的目前职工运动任务的正确性。因此，我们认为只有在共产党毛主席领导下才能百分之百的实现。我们相信，把这些决议带回去，告诉我们全体职工，他们一定有信心，同时也有决心完成这一伟大任务。

（一九四八年八月三日）

（河南省总工会、河南工运史料征集协作组编：《晋冀鲁豫边区（河南部分）工运史料选编》，1988 年，第 155—158 页）

劳大代表热烈座谈两个报告

劳大各解放区代表于小组和大会讨论陈云等人的报告时，都反映出已成为国家主人翁的解放区工人阶级已经并正在为支援战争而克服种种困难，积极生产。

晋冀鲁豫代表说：太行工人为了支援刘邓南下大军，曾发动了一次大规模的立功运动，被服工人平均超过任务百分之七十以上，最高者超过百分之一百二十。著名的军工部劳动英雄甄荣典在增进生产上创造出惊人纪录。外号“飞毛腿”的邮工侯金龙，身背一百斤重的邮包，每天翻山越岭走一百六十余里。东北某地工人，在零下三十几摄氏度的天气里跳下水去修理机器。东北铁路代表团李明哲说：两年多来，我们已使东北将近一万公里的铁路畅通无阻，保证了前线一切军需兵员的运输。东北煤矿代表杨长春说：东北各矿有五百九十六个矿工被提拔为矿山的行政干部，有七百四十三个矿工被选为工会干部。煤的生产比伪满统治时普遍提高，有的提高了两倍至三倍。冀察热辽代表说：该区职工们在战争频繁的环境中，使军工生产在两年中就扩大了数十倍。北票矿山工人于去年北票解放时，自动组织起来，保护机器，迎接解放军，在四小时中就恢复了送电。陕甘宁代表说：工人在胡匪进攻中，埋藏机器，转运物资，并组织工人游击队袭击敌人，获得很大成绩。解放区工人旗帜赵占魁更以他在国民党统治下和在解放区作工时两种不同的切身经验，说明只有团结在共产党毛主席的旗帜下，才有出路。他号召解放区工人努力提高生产，支援战争，打倒国民党反动统治，争取工人阶级和全国人民的澈底解放。华东代表说：临枣线铁路工人为使敌人交通命脉完全麻痹，白天在敌人强迫下修建铁路，晚间就又配合解放军连夜拆毁。对于解放区工人已成为国家的主人这一点，华东代表团张福林举了一个生动的事例。他说：美军吉普车在青岛压死洋车夫苏明成，结果无人过问。可是同样的美国人车子去年在烟台解放期间压死洋车夫杨禄奎时，就引起了全市工人的抗议，结果美国人不得不为死者扶灵安葬并抚恤死者家属。晋察冀代表团张立之说：石家庄工人都在明确的认识了国民党反动派是中国工人阶级的公敌，因此正积极生产，支援战争。如纱厂工人过去十二小时摇四十车，现在八小时就能摇四十二车了。

为了进一步提高生产，争取解放战争早日胜利，各代表对公营企业的经营管理、劳资关系等问题，讨论极为详尽热烈。在公营企业的经营管理上，晋察冀代表以张家口解放期间的情形为例，检讨了工资中的平均主义、过高工资和根据政治条件评工资等偏向。如最高工资由八十斤米一直提高到七百二十斤，结果无法支持。对失业工人不是设法组织其生产，而是单纯救济，甚至每人救济金超过在业工人工资。这些实际上对工业是起了破坏作用。今后要很好纠正。晋冀鲁豫代表提出，太行各厂由于初步摸索了企业化的生产组织，实行了经济核算和按件包工全面工资制以后，工人生产热情大为提高，增加了产量，提高了质量，并减低了成本。工厂非生产人员也由平均百分之二十五减少为百分之十。在对私营企业上，哈尔滨市代表张维桢检讨过去曾发生过高分红偏向，后经对职工的说服教育，才自动的纠正了，并自动的建立了新的劳动纪律，使生产得到发展，职工就业增加。从三月中旬到六月底，哈市增加工厂商店共三千七百四十三家，其中工厂就占了二千九百十七家，就业职员、工人和店员较前共增加了两万六千四百余人。半年来，哈市共有四万四千余失业职工就业。为进一步改进工运，张维桢提出：（一）加强国营、公营企业中的工运工作，职工应学习业务管理知识，反对与克服官僚主义的领导作风，加强与推广工厂管委会组织。（二）实行交叉累进等级工资制，以实现多劳多得的合理原则。（三）在私营企业中，继续贯澈民主政府“发展生产、劳资两利”的政策及联合与改良的方针。（四）巩固与扩大个体劳动者的生产合作组织，培养合作生产管理干部。（五）加强工人福利事业，组织工人消费合作社，举办各种工人教育，加强职工医院，举办医药合作社。此外还要提高干部，转变作风，依靠与发挥职工的组织性与觉悟性，把陈云等人的两个报告精神真正贯澈到生产中去。

此外，西北妇女代表李凤莲对妇女参加生产问题，以她自己的亲身经验说明妇女要求得解放，必须参加生产，使自己获得独立生活的能力，与男人一起努力支援战争，澈底打倒国民党反动集团。模范工程师钱志道则强调革命的技术人员应和群众结合，放下架子，尊重与学习群众在劳动实践中的创造。

（《第六次全国劳动大会》，华东新华书店，1949 年，第 141-144 页）

一个目标，两种做法
——六次劳动大会散记

王　坪

一个目标是：中国工人阶级，团结中国全国人民，澈底推翻美帝国主义及其走狗在中国的统治，建立新民主主义的人民共和国。说得简单一点就是：打倒国民党反动派，取消美帝国主义在中国的特权，建立新民主主义的国家。

两种做法是：解放区：在“发展生产，繁荣经济，公私兼顾，劳资两利”的总方针下，团结全体职工，积极劳动，遵守纪律，保护职工的日常利益，教育职工，提高文化、技术和业务水平；经营贯澈企业化，管理贯澈民主化，务必做到加紧生产，支援战争。蒋管区：职工要比以往任何时期更加善于联系群众，聚集力量，扩大队伍，以便迎接人民解放军的到来，同时，要尽一切可能的和谨慎的力量，参加蒋管区一切人民群众的革命运动，对蒋匪的军火制造与军事运输给以可能的阻碍；当人民解放军兵临城下的时候，要十分注意保护机器，不要让反动派破坏和迁移，还要维持社会秩序，使解放军一进城，人民的新秩序马上就可以建立起来！

以上是中国著名的职工运动领袖、中共中央委员陈云同志在大会上所作关于中国职工运动的当前任务的报告中提出的号召。这个报告占去了一天半时间，是大会的重要节目之一。当陈云同志作这报告时，来宾席及旁听席上座无虚席，听者记录其报告时的纸笔窸窸声，清晰可闻，大家完全沉浸在陈云同志的深入浅出的话语里。

以后的几天大会，便是围绕了陈云等人的两个报告来发言和讨论的。

一、劳协首先响应

中国劳动协会理事长朱学范先生，是响应这两个报告的第一个发言人，他用“黄浦江中停满了美国军舰，中国领空上飞来飞去都是美国飞机，蒋管区各地区成立着美国工厂，充满了美国货……”等事实，证明了美国是在奴役着中国；他用蒋美商约，蒋介石出卖内河航行权及蒋介石在历史上与在各地屠杀工人和人民的事实，说明了“蒋介石是美帝国主义的走狗，是人民的公敌，是工人阶级的屠夫！”因而，他完全同意陈云等人的两个报告，并认为是中国工人阶级团结前进的胜利方向。

二、上海工人欢迎共产党

从蒋管区来的代表团纷纷发言，每一个人站到巨大的“收音机”——报告台上的第一句话总是：

“我代表 ×× 的 ×× 万工人，完全同意两个报告的正确！我们完全拥护！决心执行！”

上海代表提到前年十二月十二日上海江湾蒋匪军火库大爆炸时，上海工人和人民高兴万分，纷纷传说“四老板（新四军）就要来了！”可见他们是如何憎恨蒋匪用来屠杀自己同胞的军火，又是如何欢迎解放军，他说：“上海工人与人民现在有一个唯一的希望：蒋介石快完蛋了，共产党快来吧！”他又提到××造船厂的六千多工人，在日本投降后曾组织起自己和家属，向日军斗争，保存了全厂的机器财产，热忱的交给祖国，但国民党接收后，破坏了工厂，盗卖了机器，解散了工人，他愤恨的说："我们会用对付日本鬼子的办法来对付国民党反动派的！我们会遵照陈云同志的指示：把所有的机器、所有的皮带（机器上用的）保存起来，交给我们自己的军队和政府，我们保证人民解放军一到上海，电灯马上亮，电话马上通，电报马上拍，电车马上在大马路上隆隆开动！"

他又证明陈云同志号召的，对民族资本与对帝国主义资本和官僚主义资本应有不同态度的正确性："民族资本家确实也受到帝国主义资本和官僚主义资本的双重压迫，上海曾经有一次乳牛列队大游行，就是上海的民营牛奶公司被美国牛奶冲激得干不下去了的示威！"

最后，他希望第七次全国劳动大会能够到上海去开。

三、华南工人要活捉蒋介石

南方代表代表了三十万职工拥护号召，他认为这两个报告是中国工人阶级的一盏明灯，不单是解放区和蒋管区的工人同意，而且也是海外华侨工友的一致愿望。他历述了海外华侨工友在抗战期间如何在艰困的条件下为祖国捐献财物，"曾有若干辆大型汽车满载了工友由海外直开民主圣地的延安"。他说："蒋介石在东北和华北已经绝望、华中也快绝望的时候，想逃命到华南，但华南的工人阶级和全体人民是不允许他脱逃到华南的——他一定要来也可以，但必须有一条件，那就是准备当俘虏。让我们把蒋介石俘虏起来，交给全国的工人阶级和人民开一个盛大的公审会！"华南的工人和人民都热烈响应中共中央

“五一”口号。他保证今天哈尔滨热烈生产的情况，在华南解放后一定照样有，一定有若干个“华南的哈尔滨出现”！

四、武汉、天津、平汉路……无不响应

武汉、天津、平汉路……的代表，无不在报告会上热烈响应陈云等人的号召。平汉路的代表是个老工人，也是个老职工运动者，曾参加过二七惨案的伟大运动，他饱含风霜的脸上露着仇恨说：“我们的仇还没有报！只有实行了这个号召，我们的仇才可以澈底的报复！”

武汉的代表历述了武汉是蒋匪军事工业的中心，故蒋匪对武汉的工人完全实行军事管制，但武汉工人丝毫没有屈服。当刘伯承将军的大军进抵武汉外围时，工人阶级与全体人民兴奋异常，用各种行动来响应，用各种方法来支援，他们一致热望人民解放军快到武汉，好替死难的工友报仇！他们决心把解放后的武汉变成人民解放军的兵工基地。

天津代表也说很多天津工友保护工厂，不让日军破坏的事实，但国民党在天津接收时带的尽是封条，连工厂、连工人的嘴也一起给封起来！

从蒋区工友的切身体验中，他们完全同意陈云同志的话：“除了这一个总目标——驱逐美帝侵略者出中国，打倒以蒋介石为首的反动集团，建立新民主主义的人民共和国这一条路外，中国工人阶级和中国人民是没有第二条出路的！”

五、解放区工人更将用行动拥护

解放区的工人，更将用行动来拥护陈云等人的两个报告。事实上，他们老早就在“发展生产，繁荣经济，公私兼顾，劳资两利”的总方针下努力着，在听了陈云同志的报告后，目标就更加明确，力量将更集中在这总目标之下。

全国闻名的劳动英雄赵占魁和刘英源，他们用自己从旧社会走到新社会的经历，证明了工人的解放只有真正实现了那个总目标才能得到。职工运动开展得较早的晋察冀边区代表张立之同志用他们在张家口和石家庄等地走过的弯路来说明："我们在听见陈云同志报告前存在着的很多问题，经陈云同志一点明，我们便完全明白了。"比如工资问题，在张家口时，为了同国民党争取工人，便把工资由五百二十斤粮提高到七百二十斤。当时就有工友反映，认为农民又出公粮又出兵，生活又很苦；很多干部的待遇也很差，单单把工人的工资提高不妥，但领导却只照顾到眼前的利益而这样干下去，一直到后来碰了钉子才改正；又如失业工人的救济，没有照陈云同志说的：应从发展生产着手，反而从发救济金之类着手，造成在业的工友一个反常心理，认为失业比在业还好。

这些都是由于脱离了总目标、违背了总方针而发生的偏向，今后必然把力量集中到总目标总方针之下来使用。

军事工业的代表，铁路矿山的代表，其他各解放区的代表，一致叙述着工人阶级已在为实现这个总目标而努力着的事实及今后更将用行动来拥护号召的决心！

（《第六次全国劳动大会》，华东新华书店，1949 年，第 151–157 页）

劳动大会第九日哈尔滨代表团报告两年工运状况

今后加强国营、公营企业工运，贯彻劳资两利方针，克服官僚主义与包办代替，实行交叉累进工资，推广工厂管委会。

（本报讯）劳动大会于九日上午举行最后一次集体讨论，哈尔滨市代表团张维桢同志首先发言。他首称：两年来公营企业的工会工作主要的放在市政企业上，以集中领导下的民主形式和民主方法提高了职工的责任心和劳动积极性，展开劳模与立功运动。出现了一批像刘英源一类型的劳动英雄和模范工作者，提拔了大批工人干部当了企业的行政管理人。在合作企业的工运工作中，工会曾组织了手工业工人合营的生产合作社，取得了组织手工业工人由个体劳动走向集体劳动的初步经验。

张维桢同志谈到私营企业时说：过去在私营企业工运中曾经在对待私人资本家的斗争方式上、在过高的分红办法上，发生偏向，已经改变。

半年来工商业获得新发展　哈市四万余失业职工就业

这一时期经过了对职工的说服教育，使职工认识到发展生产是工人阶级的目前利益与长远利益的保证；因此自动的停止了过高的分红制度，同时自动的建立了新的劳动纪律，使生产得到了发展，工人就业人数增加。从三月中旬到六月底哈市增加工厂商店三千七百四十三家，其中工业占二千九百十七家；增加工人、店员、职员一万七千余名，原有工厂商店因营业扩大而增加的工人、店员、职员九千四百余人。半年来哈市四万四千余失业职工，得到了就业（包括介绍到市外的就业人数）。在工人阶级内部的团结亦大为加强了，师徒关系有了很大改善，有组织的工人队伍由二万二千余人增至六万八千多人。这一切给了支援人民解放战争予以重大的帮助。

张维桢同志继称：目前哈市劳资关系的基本情况是：职工方面既积极生产又要求一定的劳动条件，适当的生活待遇；资本家方面是既积极经营又追求利润，就必然发生矛盾。因而劳资争议经常发生，我们解决的办法是劳资协商与呈请政府仲裁，只有在涉及法律范围时，才向法院控诉。一般的经过协商与仲裁的方式是能够而且必须保证职工的一定的劳动条件，适当的生活待遇，而又照顾资方一定的利润。总的说来，目前劳资间的正常关系是占主导作用的，但还存在部份不正常的现象，如有的资本家对发展生产消极，或在工厂中保持半封建的管理，甚至违法殴打工人或学徒。我们对这些现象的主要办法是加强教育，提高职工觉悟；说服并督促资方积极管理生产。对违法事件则向法院控诉，请求依法制裁。要确立发展正常劳资关系，反对不正常现象，最基本的保证是职工的觉悟与团结。就是加强政策与阶级教育，加强工会的基层组织与生产组织。

最后张维桢同志说：我们听了陈云等人的两个报告后，感到哈市工运应提高一步，根据报告的精神提出改进我们工作的具体意见：（一）加强国营，公营企业的工运工作比重。职工工作者应学习业务管理与管理知识；反对与克服官僚主义的领导作风。按照陈云同志的报告加强与推广工厂管委会组织。（二）在私营企业中继续贯彻“发展生产，劳资两利”的方针，联合与改良的方针。严格执行政府对民族工商业的政策法令；巩固与扩大生产组织，争取更多的职工就业，以保证工人生活；组织管理委员会，发动竞赛与劳模运动。（三）巩固与扩大个体劳动者的生产合作组织，培养有业务知识与文化水平的合作生产管理干部。（四）在劳动条件方面实行陈云同志提出的交叉累进等级工资制，以实现多劳多得的合理原则，八小时至十小时工作制。关于加班问题，规定除有关军需军工之临时突击任务外，一律采用自愿与累进工资加班制，规定每周加班不超过三天到四天，每周加工时间不能超过六小时至八小时，但职工在规定的劳动时间中必须发挥应有的劳动热忱与劳动效能。（五）在福利事业上组织工人消费合作社；举办各种工人教育，提高政治文化水平；加强职工医院，举办药品合作社，便利职工治疗疾病。此外为了保证这些工作的完成，我们还要提高干部，转变作风，克服包办代替，依靠与发挥职工的组织性与觉悟性。只有这样才能把陈云等人的报告精神真正贯澈到我们的工作中去。最后他以兴奋的口吻说：我们哈市职工有信心而且有决心完成这个任务，以争取早日澈底消灭美帝国主义及其走狗国民党的反动统治建立新民主义人民民主共和国。

冀察热辽代表发言　艰苦环境坚持军工生产
唐山工人准备迎接我军

冀察热辽代表团章萍同志发言中列举了冀察热辽职工们在战争频繁的残酷的战争环境与工业落后的农村条件下，坚持军工生产的巨大成绩。两年来军工生产扩大了廿倍。在抗战时期只能制造简单的军工产品，而经过两年解放战争后，却可制出更多更复杂的军工产品。工人阶级的觉悟亦大大提高。××制造厂发生爆炸后两个工友受伤，另外的两个工友不顾危险马上跟上去，冒险坚持了生产，表现了工人阶级崇高的自我牺牲精神。北票矿山工友当北票于去年解放时自动组织起来，保护机器，迎接解放军。在短短的四小时里恢复了送电。话题转到蒋占城市的工人反蒋美斗争，他详述了唐山煤矿工人在历史上的革命事迹。直到抗战后蒋管三年中，矿工们仍坚持了革命的传统精神掀起了一连串的反挨饿受冻、反征兵、反拆卸机器南运的斗争。他以兴奋的语句结束了发言：唐山工人同志们的反蒋美斗争与人民解放军的胜利攻势密切的结合着。他们对大会抱以重大希望，他们与其他蒋管城市工人同志们一样，将接受大会的精神，以各种斗争迎接解放军的早日来临。

东北煤矿代表发言 “煤黑子”成矿山主人
大批工友提拔为干部

东北解放区煤矿代表团杨长春同志继起发言，着重说明：东北解放区煤矿工人三年来在共产党的领导下，由向被鄙视的“煤黑子”变成了矿山的主人。过去矿山的统治者坑长、矿长们都是日本人，现在大多数都由矿工自己担任。有五百九十六个矿工提拔为矿山的行政干部，提拔为工会干部的亦有七百四十三人。他们在倒苦水、立功运动中自己教育了自己，提高了政治觉悟，建立了新的劳动态度，使东北煤的生产达到了新的水平。各矿区平均生产率较伪满时普遍提高，有的提高二倍至三倍。在第二矿区一个紧急工程在伪满时需廿五天完成，而在矿长、坑长直接领导下，经三天三夜的突击，提早完成了，并节省三分之二的原料。某煤坑中发生瓦斯，由于矿工们冒险下坑抢救的结果在两天后恢复了生产。他们提出：前方为了中国人民的解放流血牺牲，我们为什么不能冒危险抢救生产呢？最后杨长春同志满怀信心的说：我们为了响应大会的号召，北满四矿保证完成今年上级所给的产煤五百万吨的任务。

（《东北日报》，1948年8月11日，第一版）

对蒋区工人英勇斗争报告
劳大代表表示极高崇敬

劳动大会于十日、十一日听取朱学范关于国民党统治区职工运动的报告及上海代表关于上海工人两年多来的英勇斗争的补充报告。该两报告详细的说明了国民党统治区工人的英勇斗争，引起到会代表对国民党统治区工人兄弟极高的崇敬，并一致决议全解放区职工做义务工一日，以援助他们的爱国斗争。

朱学范的报告共分五部份：一、国民党统治区职工目前奋斗的目标；二、国民党反动派怎样杀害、控制工人群众；三、国民党统治区工人生活的悲惨状态；四、国民党统治区工人阶级反对美帝国主义及国民党反动派的英勇斗争；五、中国劳动协会为全国工人阶级的民主团结与人权保障的斗争。

李立三于该两报告后，继起作简短发言。他对国民党统治区职工运动者及工人特别是有着五卅运动和三次武装起义光荣传统的上海工人的斗争，表示崇敬与慰问，指出这种英勇斗争，正表现了中国工人阶级英勇不屈、斗争到底的顽强精神，号召全国工人阶级紧密团结，联合一切被压迫人民，尽力支援解放战争，争取胜利的早日到来。立三同志强调指出，解放区的职工们听了这两个报告，可以更深刻地感觉到只有解放区才是自由幸福民主的乐园，工人已经做了社会国家的主人，这些正是今天国民党统治区工人牺牲流血英勇奋斗的目标。他要求解放区职工代表们要把这两个报告广泛深入地传达给解放区的工人，让大家知道国民党统治区阶级兄弟痛苦的深重，更加紧生产，支援战争，他说："我们多做一点工多努一把力，便能使国民党区的人民更快解放，这是我们解放区职工应尽的义务和责任！"

接着大会一致通过了东北代表团所提关于全解放区职工增加义务工一天，以其工资作为援助国民党统治区工人及人民斗争基金的建议。

上海代表团汤桂芬继代表国民党统治区工人起立讲话，她激动地说："解放区军民与职工，经过了十年内战、八年抗战、两年解放战争，艰苦奋斗流血牺牲，今天还要援助我们，我真不知用什么话来答谢才好，我一定把大会的决议带回去，让那里的工人更加鼓舞起来。我相信在毛主席的领导下，我们一定能把斗争坚持下去，直到最后胜利！"她的话未完就被全场"打到南京去！""打到上海去！"等口号所淹没。

（《第六次全国劳动大会》，华东新华书店，1949年，第149-150页）

歌及其他
——第六次全国劳动大会速写之一

关寄晨

六日下午，散会很早，为了等候电车赴哈尔滨市政府的宴会，全体代表们便利用这一闲空在会场里自动组织起娱乐节目来。这时候国民党统治区的代表最活跃，三三两两在前面唧唧嘎嘎的笑成一片，于是大家就全把目标集中在他们身上了。会场左前角，是晋察冀和两广代表团的座位，平时就爱喊口号，这回无形中又成为领导和组织这个娱乐大会的主席团了。“欢迎远来的同志们表演一个好不好”，不知谁这么一吆喝，大家就刷刷的拍起巴掌来。天津代表团团长周青，因为坐得离台口最近，又生得最胖，所以大家第一个就找到了他，当时不容分说几个人前拉后拥，一下就把他推上了主席台。这个大胖子平日在大会上可以慷慨激昂的发言，但现在要他表演一下却显得非常窘惑。对着面前的扩音机总是不停的用手帕擦汗，好像摆在他旁边的左右两个电扇，都不起任何作用一样。最后大家催紧了，他才无可奈何的唱了一段打渔杀家，大家说：好呵！到底是天津来的，再来一个！

接着，目标又转到上海代表团团长汤桂芬身上，大家欢迎她唱上海歌，可是她比周青还忸怩，站起来说她什么也唱不来。

当然大家谁也不会满意，一声吆喝就拼命的为她鼓起掌来，而且越拍越响越有节奏。许多人说："上海来的洋包子可不能忸怩呵！"闹了半天，汤桂芬没办法只好找了一个代理人，并且介绍说这是上海代表团里有名的歌手。

这位歌手站在扩音机面前完全和周青相反，一点不胖，一点也不拘束。他说他唱一个最近上海小孩子们替蒋介石编的歌，调子是大革命时代的"打倒列强"调，口音是上海腔。於是他唱道：

"我是流氓，我是流氓，
想做官，想做官。
召开（伪）国民大会，
选举我当（伪）总统；
多奇怪，多奇怪。
当了总统，当了总统，
多自在，多自在。
不如当个皇帝，
不如当个皇帝；
更痛快，更痛快！
我是皇帝，我是皇帝，
袁世凯，袁世凯。
坐了三天皇帝，
坐了三天皇帝；
多悲哀，多悲哀！"

这个歌一唱完立刻获得全场热烈的欢迎，大叫："再来一个，再来一个！""呱唧呱唧"，大家几乎把手都拍肿了。可是就在这时候，有人在台上大喊："第一号电车来了！"西北代表团随着声音马上站了起来，接着晋冀鲁豫代表团也离开了会场，可是其余的人仍然坚持不动，直到这位歌手又唱完第二个歌，大家还在拼命喊"欢迎广东代表唱广东歌"，"欢迎唱山东大鼓"，"唱河北梆子"，"唱汉戏"，"唱秦腔"……好像市政府的宴会，和八辆满身结彩的电车，都没有自己的娱乐节目有兴趣似的，直到最后有人催了几次，大家才一路欢笑着爬上电车。

那天的电车也变了样子，像过什么节日一样，满身都装饰得花花的，八辆电车排成了一字长蛇阵，一头一尾更飘着彩带。走起来一辆接着一辆，轰隆隆的活像一列火车开到市街上来了。这样的走法据说在哈尔滨还是第一次，也是哈市电车工人欢迎大会代表的一点敬意。他们早在两天前就准备了这次庄严的迎送仪式，这天更是全厂主要干部和最好的司机都出了马。他们说一定要让我们的代表坐着自己的电车，逛逛自己的城市。

随着电车旁侧前进的是四五辆市卫戍部队的摩托卡，和东北电影制片厂架着摄影机和录音器的吉普车，一路上他们跑前跑后紧张的要命，不知道是选择高耸晴空的红军纪念塔作背景好呢，还是选择林荫浓密的古老的喇嘛塔。不过，从各个车厢窗口里伸出头来的代表们，都希望着开麦拉能够从头照到尾，特别是车厢右侧，那条在太阳光下耀眼的大标语，更应该清清楚楚的照上去。因为谁不感到兴奋呢，看着自己工人的队伍，这样轰轰隆隆的一直前进，正好像那条大标语所讲的一样："全国工人阶级团结起来，在毛主席的旗帜下，前进！"

下了电车，代表们走进了铁路俱乐部，这是哈尔滨最美丽的俱乐部之一。在这里，哈尔滨市的党、政、工、青、妇五大单位，代表着全市八十五万人民，为欢迎全国工人代表，摆下了七百人的盛大的宴会。

强烈的电灯，照得一切都辉煌起来，周围的扩音机正传送着愉快的歌声。水晶灯耀眼的白光，从每个角落射过来又射过去。七十张同样的圆桌，夹杂着一定间隔的花草，构成了宴会最好的图形。到处是一片笑声。

朱市长拿着酒杯站起来，在扩音器里，人们听到他洪亮的声音，他说：这次盛大的集会说明了我们工人阶级的伟大胜利，这个胜利是由于中国共产党和毛主席的领导得来的。我代表哈市人民向大会庆祝！……

接着刘宁一同志也站起来，水晶灯强烈的光线照着兴奋的脸，眼镜上也反射着两片白光。他的声音在扩音机里更显得那样热情、激昂，他大声的说：同志们，今天我们在自己的城市哈尔滨，举行这样盛大的七百人的宴会，这是我们中国工人阶级有史以来的第一次，这说明了我们在毛主席的领导下，已日益走向全国的胜利了！

一阵掌声打断了他的话，几个角落里的人同时喊起口号来："毛主席万岁！"、"中国人民胜利万岁！"

他继续说下去：今天的会，是哈尔滨市犒劳三军的犒劳会，同志们，我们接受这一犒劳，加倍努力，打到南京去，活捉蒋介石，争取全国人民和全国工人阶级澈底的解放。

"打到南京去，活捉蒋介石！"口号声，欢呼声又像山洪一样激荡着全场，随着，所有的人都站起来了，所有的酒杯都举起来，一片万岁声，一片祝贺声里，夹杂着那充满着正义和真理的歌：

“没有共产党就没有中国，没有共产党就没有中国……”

这是团结的歌！

这是胜利的歌！

这是前进的歌！

（《东北日报》，1948 年 8 月 12 日，第一版）

劳动大会第九日立三同志大会发言

阐述企业改造问题

（本报讯）第六次劳动大会于九日讨论陈云等人的报告中，李立三同志就“接收日伪和国民党官僚资本企业后的企业改造问题”作了精辟丰富长达四小时之重要发言。内容计分四部分，即：一、如何启发和提高工人群众的阶级觉悟，使其了解从工钱奴隶变成了企业主人翁的事实而树立起新的主人翁地位的劳动态度。二、如何团结和改造旧职员，如何改变他们轻视工人的思想意识和官僚主义的作风，以达到员工平等，员工互助，共同负责提高生产的目的。三、如何改革旧管理制度而代之以新的民主的管理制度。对于生产组织制度则只能采取批判的接受而不应轻率变更，对于旧机构则应更根据科学管理原则和实际的需要加以适当的精简，裁汰不必要的冗员，但要防止把机构弄得过于简单，用手工业式的办法来管理现代大企业是不适宜的。四、关于改造的步骤和方法，立三同志指出改造是长期的民主化过程，要防止急性病与保守主义的两种偏向。立三同志根据东北两年来的经验，对于上述这些问题作了详尽的说明。立三同志在结语中特别指出：陈云等人的报告应是这次大会的指导方针，和今后全国工人阶级的奋斗的纲领和目标。代表们静听记录，始终不倦。

（《东北日报》，1948 年 8 月 12 日，第一版）

国民党地区代表表示一定完成任务

劳动大会国民党统治区代表，在讨论陈云等人的报告中，信心百倍地表示他们一定要完成该两报告所提出的任务。他们以亲身体验，叙述国民党统治区的工人遭受美帝国主义和国民党反动统治的饥饿和恐怖迫害以及工人英勇反抗斗争日益发展的情形。他们认为这次亲眼看到解放区力量的强大与胜利发展，大大鼓舞了他们并将大大鼓舞国民党统治区工人的斗争勇气。

上海代表说："上海工人今天的工资，不够还昨日下锅的欠债。我们要求吃饱饭，但得到的回答却是坦克冲撞和机枪扫射。有过五卅大罢工和一九二七年大革命时三次武装起义光荣传统的上海工人，他们知道怎样迎接中国人民解放军。日本投降时，江南造船厂六千工人就曾经组织纠察队，把企图破坏工厂的日军缴械了。我们代表上海有组织的工人向大会保证，上海解放的时候，上海工人将尽一切力量把工厂仓库完整的保存下来，发电厂马上恢复送电，自来水厂马上恢复送水，汽车电车照常在曾洒遍工人鲜血的南京路上奔驰，我们有信心把上海变成最兴隆的人民城市。我们欢迎第七次劳动大会在自由的大上海召开！工人阶级以自己反蒋美斗争的鲜血教育了许多民族资本家，使他们看清了他们自己的出路在那里，他们也和工人一样地期待着：'国民党快完了，共产党快来吧！'"

南方代表说："南方人民有了日本投降后三年来的经验，国民党反动派的任何和平阴谋再不能欺骗我们了。敌人想把南方变成他们反革命的最后基地，但南方的人民和工人也已准备做最后一次的‘迎接’。现在广东九十多县，到处都有人民武装的活动。我们一定努力配合人民解放军的进攻，把反动派头子抓起来，和全国弟兄们一齐公审他们。”

武汉代表说：军火生产重地的武汉，国民党反动集团强迫工人在其军事管理下进行奴隶劳动，而且以一批汉奸、特务、工贼成立所谓江汉总工会，对工人进行恐怖控制。许多工人已参加了武汉外围的人民武装，留在厂里的也用各种方法与敌人进行斗争。

（《第六次全国劳动大会》，华东新华书店，1949 年，第 145–146 页）

陈郁向大会介绍东北公营企业战时劳动保险条例草案

东北工业部代表团团长陈郁十六日在全国劳动大会介绍“东北公营企业战时暂行劳动保险条例”草案。他指出此次大会行将通过准备向政府提议的劳动保险条例，是中国职工运动中有历史意义的文献。过去五次劳动大会都是研究如何向资本家作斗争以争取劳动保险利益；而现在解放区的职工是研究在人民政权下，如何努力发展生产，支援前线，并建立合理的战时劳动保险制度了。他说：在资本主义国家，劳动保险基金是由工人自己负担，资本家最多也不过是拿出极少一部分；而在殖民地国家的法律里，基本上是没有劳动保险这一条的，工人要求劳动保险是违法的，工人为争取劳动保险的斗争是要遭受反动统治的武装镇压的。中国工人阶级二十余年来在争取劳动保险利益的斗争中，曾写下了许多英勇斗争的史篇。一九二五至一九二七年的大革命时代中，曾在劳动保险上获得了不少胜利，但只限于在个别企业和产业，还没有得到国家在法律上明文规定。而且在大革命失败后，国民党又把个别企业与产业中的劳动保险待遇取消了或降低了。

与这种情形相反，解放区新民主主义政府过去虽然没有劳动保险的成文立法，但公营工厂的职工，都有劳动保险的待遇。政府是坚决执行保护工人利益政策的，特别是对工人身体健康有危害的化学工业工人、矿工、军火工人等更加注意。对因公受伤或因公死亡的，以及疾病、养老金和女工生育补助金等都有适当待遇办法。这次劳动大会制订出劳动保险条例后，东北各地的劳动保险事业便可趋于统一，形成制度，并可供其他解放区参考。

陈郁继对东北公营企业战时暂行劳动保险条例，作简略解释。该草案计分：第一章概则；第二章关于劳动保险基金之征集与保管方法规定；第三章应举办之各项劳动保险事业；第四章关于劳动保险基金支配方法之规定；第五章劳动保险基金之监督与审查；第六章附则。全文共廿八条。陈郁指出该条例中所规定之办法，有许多是资本主义国家至今还没有办到的。如在劳动保险金之征集标准中规定由企业方面缴纳等于全部工资的百分之三为劳动保险基金，职工则缴纳工资千分之五的劳动保险金，这说明了主要是由政府负担，职工仅负担极小部分；而政府负担之数量，如将医药治疗及伤病时所付的工资等均计算在内，则约及全部工资百分之十左右，这个数目作为战时劳动保险是相当高的。而资本主义国家的劳动保险基金，主要是由工人担负，从工资中扣收。又如对于老年工人生活补助金，规定老年职工年满六十岁、工龄在二十五年以上者，即可享生活补助金之待遇。工龄之计算并不限定必须在本企业或本国区域之内，因而在伪满时期作工时间，亦得算入工龄之内。而资本主义国家，大都规定在六十五岁或五十岁，工龄三十年至四十年方可享受，且限制于本企业和本国。如国民党北宁铁路仅有五十余年的历史，而国民党却规定工龄四十年者方得享有养老金，且抗战八年间的工龄又不得计算在内，实际上是明白取消养老金的待遇。再如对于恤金规定因公负伤者之全部医疗费由企业方面负担，并付给治疗期之全部工资，以六个月为限，这也是超过许多资本主义国家规定的。

陈郁在结语中提出：劳动保险，是改善工人生活，为增加生产作长期打算，因此也是同生产制度分不开的。要真正做好保险事业，就不仅是增加劳动保险基金或改善生活条件，更重要的是积极采取新的技术条件，增加新的生产设备，以避免生产过程中发生事故，减少工人体力脑力的消耗，减少疾病和死亡。资本主义国家、资产阶级单纯追逐利润，对工人健康生命采取漠视态度，不可能为保障工人健康安全而有特殊设备。社会主义的苏联，则是全世界劳动保险事业最先进的旗帜。在那里，职工不用缴纳保险费，完全由企业方面负担，他们更积极致力于机器设备和生产技术的改进，使工人在劳动中得到更安全的保障，减少意外事故的发生。新民主主义的中国解放区，在战争时期举办劳动保险事业，不能不受很多限制，但这些困难随着战争的胜利进展是可以逐渐克服的。他热忱地说："苏联是由人民的力量使经济建设大踏步前进，职工劳动保险事业突飞猛进。相信现在的解放区，以及将来解放了的全中国的劳动保险事业也一定能够很快的进步。"

（《第六次全国劳动大会》，华东新华书店，1949 年，第 111–114 页）

红色的海
——第六次全国劳动大会速写之二

常 工

走进第六次全国劳动大会的会场，就好像身置在红色的海中一样，从里到外，一切都是红的，红得发光，红得发亮，红得像早晨的太阳一样。

玻璃擦得透亮的会场大门是红漆的。

大门前面写着“全国工人阶级与全国人民团结起来，打倒国民党反动统治，建立新中国，反对美帝国主义侵略中国”的三道灰蓝色的拱门上，也都插满红色的小旗，与镶着红色的幔布。

拱门两边像卫兵一样排列着的苍翠盆树，与彩色的巨幅绘画，也都映得发红。

拱门上面粉墙上，悬挂着的毛主席和朱总司令的巨幅彩色画像，更都是红光满面，含笑在望。

在拱门的右边，更矗立着一面写有“第六次全国劳动大会”金字红底的大会名称，像一座庄严的灯塔一样，在蔚蓝色的天空中，闪闪的发着红光。

穿进红色的会场大门，迎面就是一座挂有黄色大字“全世界无产阶级联合起来”的幔起红布的半圆形的屏风，也在放射着红色的光芒。

曾为中国工人阶级利益奋斗而英勇牺牲的著名职工领袖邓发、苏兆征、李启汉、施洋、林祥谦、邓中夏、张浩等烈士的彩色遗像，就挂在这红色屏风的上面的粉墙上。

在这红色屏风的对面和两边的墙上，却又挂满上海、天津、武汉、南方等国民党统治区各大城市职工远道送来的红色的贺幛，一幅幅的红色的贺幛，就像一颗颗红色的心一样，更把大会渲染得更红。

红色的血、红色的心，就是中国工人阶级力量的泉源和大海。

走进红色的屏风，就是这次大会的会场。

在主席台浅绿色幔布上毛主席和朱总司令巨幅彩像的两旁，悬挂着的中国工人阶级先锋队——中国共产党的两面红色的党旗展开，所有会场的楼上楼下和走廊，都为各处送来的红色贺幛所布满，全场一片红色，就像是一个红色的大海一样。

特别是东北电影院制片厂的六盏水银灯，更像是夜晚海上兵舰的探照灯一样，经常发出一道道强烈的白光，更把这像红色的海一样的会场，照得特别鲜红。

这就是第六次全国劳动大会的会场，这也是一个红得发亮、红得发光，红得像早晨的太阳一样的红色的大海。

这红色的海，是中国工人阶级光荣与伟大的象征。

这红色的海，是中国工人阶级团结与前进的象征。

这红色的海，更是中国工人阶级经过历史上最黑暗痛苦的时期，现在正和全国人民一起走向最后解放与胜利的象征。

一九四八，八，十二晚于哈

（《东北日报》，1948 年 8 月 17 日，第二版）

张维桢同志介绍哈市劳动条例大纲

（本报讯）十七日上午，哈市代表张维桢同志在劳动大会上介绍哈尔滨特别市战时劳动条例大纲。该大纲依据之原则为新民主主义经济政策发展生产、繁荣经济、公私兼顾、劳资两利之既定方针，原名劳动法大纲，今年二月由中共哈尔滨市委提出，经各业职工长期酝酿讨论，并曾召集资本家座谈，经多次修改，在“五一”哈市工代会上通过，提交此次大会讨论。现在根据陈云同志报告的精神，又把内容加以修改，因为是战时与试行性质，所以改名为劳动条例大纲。

（《东北日报》，1948 年 8 月 20 日，第一版）

全国总工会执委会的产生

全国职工运动的统一的领导机构：中华全国总工会执行委员会已于八月二十日劳动大会上正式选出。选举前，李立三同志代表大会主席团解释此次选举的意义及主席团对选举原则的提议。他称：选举全国工人阶级群众组织的最高领导机关，是劳动大会的最后一个议程；而在全国总工会说来乃是第一个日程，乃是伟大的开始。中华全国总工会的产生不仅是全国工人阶级组织上的统一，并将把大会统一的思想、统一的意志，变成统一的行动。因此大会主席团提议：（一）希望选出的全总（中华全国总工会的简称，下同）执行委员要包括全国各个地区的民主工会代表及在工人群众中真正有威信的代表；同时希望不仅选举体力劳动者的工人代表，而且也选脑力劳动者——职员、技术人员与行政管理人员的代表。主席团特别希望注意选举劳动英雄与生产模范，因为他们在工人阶级中能起伟大的号召作用。（二）为了照顾上述几点，主席团提议全总执委为八十一人，计正式执委五十九人，候补执委二十二人。（三）提议留下八名空额（正式六名，候补二名），以便本届大会到下届大会期间新解放城市工人能有代表参加全总的领导。上述提议当获全场一致通过。大会并一致通过，由于此次与会各地区代表所代表之工人会员数量不同，选举时按每二千会员为一权，各代表团代表每票之权数如下：中国劳协和国民党统治区代表团代表每票十七权；西北代表团每票五权；华北代表团每票八权；东北代表团每票一权；华东代表团每票十权；两广代表团每票一权。总计一千四百四十权。当选执委票数，须超过总权数二分之一，若当选执委不足额定人数时，重新补选。选举方式为直接无记名投票。

选举结果如下：

（一）中华全国总工会正式执委，当选者五十三人。当选人名单按得票数多少次序排列如下：

陈云（大会筹委，过去全总负责人之一）

朱学范（大会筹委，中国劳动协会理事长）

刘宁一（大会筹委，解放区职工联合会筹备会主任）

李立三（大会筹委，过去全总负责人之一）

李颉伯（大会筹委，解放区职工联合会筹备会秘书长）

张金保（大会筹委，过去全总女工部长）

赵占魁（陕甘宁边区特等劳动英雄）

刘英源（哈市总工会执委，哈市发电厂劳动英雄）

钱志道（东北军工部化学工程师）

蔡畅（大会筹委，解放区妇联筹备会主任，世界妇联会副主席）

廖似光（中国劳动协会理事）

栗再温（石家庄职工会副主任）

赵国强（大会筹委，晋冀鲁豫边区总工会副主席）

汤桂芬（上海代表团团长，上海纺织工运工作者）

吴德（冀察热辽工运领导者，过去全总华北办事处委员）

祝志澄（大会筹委，前《解放日报》社及现新华总社秘

书长）

冯文彬（解放区青联筹备会主任）

唐韵超（大会筹委，东北解放区职工运动领导者之一）

马辉之（晋察冀边区总工会主任）

许之桢（中央印刷厂领导者，过去汉冶萍总工会负责人）

张福林（山东省工会副主任）

徐平（平绥铁路总工会主任）

张维桢（大会筹委，哈市总工会主任）

周颖（劳协工作委员会委员，劳协重庆福利社主任，国民党革命委员会中央委员）

沈鸿（晋察冀工业局机械工程师）

陈郁（大会筹委，过去海员总工会负责人）

杨之华（女工运动领导者）

高林（南方工会主任）

刘长胜（华中职工运动领导者，过去全总西北执行局负责人）

李强（无线电专家）

易礼容（劳协秘书长）

林锵云（广东职工运动者，过去上海海员工会主任）

郭焕文（劳协负责人之一）

刘九超（广东职工运动者，过去省港海员工会负责人）

马纯古（职工运动领导者）

朱俊欣（上海电工工会负责人之一）

甄荣典（晋冀鲁豫边区劳动英雄，边区参议员）

梁广（广东职工运动者，过去全总南方办事处青年部长）

王光启（劳协负责人之一）

孙学之（山东省工会主任）

高长久（东北军工部总工会主任，过去陕甘宁边区总工会主任）

蔡树彬（中原解放区工会负责人）

丘金（晋察冀解放区工运工作者，过去上海海员工会负责人）

宋新怀（辽宁职工运动负责人，过去全总苏区执行局青年部长）

冯燊（南方代表，过去海员总工会负责人之一）

徐弦（劳协工作委员会委员）

萧彩峰（大会筹委，陕甘宁边区总工会主任）

顾亮（上海工人协会组织科长）

陈秀山（辽宁职工运动负责人，过去湖北省工会主席）

张琪（职工运动者）

康永和（大会筹委，过去山西总工会主任）

李明哲（东北铁路总工会筹备会主任）

吴垦（江苏工会常务干事）

（二）中华全国总工会候补执行委员当选者二十人。当选人名单按得票数多少次序排列如下：

欧阳祖润（上海工会筹备主任）

赵子温（南方工会副主任）

钱海华（南方工会主任）

章萍（冀察热辽总工会筹备主任）

李凤莲（陕甘宁边区劳动英雄，被服厂女工股长）

孙玉振（南方工会副主任）
李怀英（劳协工作委员会委员）
李家齐（上海邮务联合会秘书）
韩武成（上海百货业工会理事长）
陈爵（劳协司机工会负责人之一）
李启新（华东工会工作者）
王庆元（大会筹委，原为法国华工总工会长）
叶维民（劳协工作委员会委员）
陈慧清（华北女工工作者）
李莲山（粤汉铁路工人）
赵敏（中原解放区职工运动者，过去华中总工会主任）
白林凯（劳协工作委员会委员）
梁永福（正太路工务段工人）
钱夏民（劳协工作委员会委员）
张恩德（哈市总工会执委，铁路局劳动英雄）

（《第六次全国劳动大会》，华东新华书店，1949 年，第 94–99 页）

劳动大会代表参观铁路工厂

（本报讯）劳动大会代表于二十三日乘火车环游哈市一周，并参观哈尔滨铁路工厂，该列车以有名的毛泽东号机车带头，由哈机劳动英雄李永驾驶。

沿线各站段员工齐集列队欢迎，大家争看全国各地的工人领袖和劳动英雄，向他们欢呼！为团结而鼓掌！哈铁管理局庄林局长的欢迎辞，正好说出员工的心里话：“我们能够请代表同志坐人民自己的火车，就是工人阶级团结的胜利！就是革命事业的胜利！就是全国劳动人民在中国共产党毛主席的旗帜下前进的胜利！”

代表们一坐上火车就高兴，因为“这火车和土地都属于人民的了”，都是劳动人民从侵略者和反动派手里夺回来的。人民的天下愈来愈大，员工向列车喊口号：“解放军打到那里，我们的铁路修到那里！”赵占魁同志笑了，许多劳动英雄都笑了，中国有了毛主席，大家都跟着他走，人民的天下怎能不大。

山东代表张福林同志讲话，亲热的叫着兄弟，他在铁路工厂号召大家在管理大企业上费心思，将来全国一解放，关里的工人兄弟们好来请教东北老大哥。他说：现在咱们就更好的把感情建立起来，成立全国总工会，经常联系，交流经验，大家携手前进！

代表们分组参观铁路工厂，各种各式机器，都在为人民铁路的建设而生产了。大家对机器都内行，哪样设备更合理了，哪样床子更省力了，仔细琢磨着。并且看各厂怎样生产，工友们更起劲了，敏捷的操纵着机器，好像对代表们讲：老大哥们请看，咱们这劳动态度能不能撵上你们！大家最感兴趣的是机器锯，一两丈长的木板，切、刨都很爽利，又快又光，刨完了，自己还能运送过来。一位关内代表说："关里缺少大森林，像这样大的火锯厂还少见。"一位路局员工告诉他："人民手里有了东北，就好像有了仓库一样。"关内代表说："不错！咱们打到哪里，哪里用枕木就不费难。蒋介石铺铁路，枕木还要从美国买呢。"

哈尔滨铁路员工说："劳大代表在我们这转一圈，是我们的光荣！"铁路工厂员工说："这是永远忘不了的日子！"一位关内代表说："大家跟着毛主席，大家都光荣！"

（更）

（《东北日报》，1948 年 8 月 28 日，第一版）

劳动大会胜利闭幕

工人运动大事全都讨论好

第六次全国劳动大会和东北职工代表大会，在这月二十二号，胜利的闭会了。在闭会典礼上，李立三同志代表执委会向大会讲话说："我们一定本着毛主席为人民服务的教训，把大会交给的责任和决议，贯彻到底！"并向大会宣誓：一定根据大会的精神和决议，团结和组织全国职工，为工人阶级解放事业奋斗到底，联合一切被压迫的人民和各民主阶级，为人民解放事业奋斗到底！一定坚决跟着中共和毛主席的领导走，团结全国工人阶级在毛主席的旗帜下前进，前进到全中国人民解放事业的最后胜利！大会号召：工人阶级团结起来争取胜利。解放区的工人和国民党统治区的工人，中国的工人和全世界的工人都要紧密团结起来！解放区工人已作了社会国家的主人，要进一步支援战争发展生产，把劳动热劲提到最高度，要不断改进技术和努力学习，准备作全国政权的领导阶级。国民党统治区职工，要准备力量迎接人民解放军，人民解放军打到那里，就在那里配合！高副主席在讲话中指出：中国各被压迫阶级，只有在工人阶级和中国共产党领导下，才有出路。他说："我在九一八以后流亡关内，奔跑救国，那是盲目的，回到东北解放区以后我才有了信心，我的信心，就是中国共产党和中国工人阶级给我的。”教育界老前辈车向忱老先生向大会讲话中说：各位代表在大会上，得到了职工运动的明确方针和方向，希望大家把大会精神带回去，要像火车头一样，开足马力向前进，为建设新民主主义中国而努力奋斗。荣誉军人代表司汉民同志被扶到台上讲话说：“我们的身体虽然残废了，但我们还要拿出自己一切的力量，继续为工人阶级的解放、为全国人民解放而奋斗到底！”赵占魁英雄和上海、武汉等地代表也都讲了话。刘宁一同志宣布散会说：“我们要说的话还很多，请留到南京、上海的第七次劳动大会上去说吧！”最后，大家高唱国际歌，大会就这样的胜利结束了。

（《新黑龙江报》，1948 年 9 月 1 日，第三版）

劳动大会胜利闭幕
——中华全国总工会宣告正式成立

中国工人阶级团结的标志

（新华社东北七日电）标志中国工人阶级团结统一的第六次全国劳动大会历时二十二日，于上月二十二日胜利闭幕。闭幕典礼于该日下午一时举行，首次主席刘宁一宣布中华全国总工会正式成立，宣读当选的中华全国总工会正式执行委员及候补执行委员全部名单。当执委登台时，全体起立欢呼。执委会当即推举李立三代表向大会致词，他说："全体执委都懂得工人阶级的战士是不推诿责任的。我们一定把大会交付的光荣责任和大会的一切决议，贯澈到底！我们宣誓：一定根据大会的精神和决议，团结全国职工，联合一切被压迫的人民和各民主阶层，在毛主席的旗帜下为工人阶级与人民解放事业之最后胜利而奋斗到底！"大会由朱学范致闭幕词。继有东北行政委员会副主席高崇民，教育界老前辈车向忱，荣誉军人司汉民，上海代表汤桂芬，武汉代表李启新，解放区劳动英雄赵占魁、刘英源等讲话。大会在国际歌声中闭幕。

（《辽宁日报－通化》，1948年9月10日，第一版）

中华全国总工会的组织机构与分工

中华全国总工会六届执委会于十月十日召开首次会议，正式选出陈云为全国总工会的主席，李立三、朱学范、刘宁一为副主席。执委会又选出常委十五人与候补常委六人。除正副主席为当然常委外，其他常委为刘长胜、陈郁、蔡畅、李颉伯、许之桢、张维桢、唐韵超、冯文彬、林锵云、易礼容、朱俊欣；候补常委为高林、周颖、汤桂芬、栗再温、康永和、孙学之。

中华全国总工会六届执委会于十月廿二日召开首次常委会议，确定常委分工及各部人选，除全总主席陈云，副主席李立三、朱学范、刘宁一，已于十月十日首次执委会选出外，常委会确定分工各部人选如下：秘书长李颉伯，组织部长林锵云，文教部长许之桢，生产部长陈郁，劳动保护部长唐韵超，青工部长冯文彬，女工部长蔡畅，国际联络部长刘宁一（兼），秘书处长彭光伟，私营企业委员会主任张维桢，国民党统治区工作委员会主任朱学范（兼），副主任朱俊欣，委员高林、叶维民、李启新。常委会并决定由全总及东北职工总会文教部合编一工人刊物，定名为“东北工人”，在《东北日报》副刊发表。

（《第六次全国劳动大会》，华东新华书店，1949 年，第 100 页）

中国六次劳动大会简述（节录）

第六次全国劳动大会，于一九四八年八月一日在东北哈尔滨开幕，这是中国工人阶级在中国共产党领导下，继承着从一九二二年到一九二九年全国五次劳动大会之光荣传统底一次盛大的集会，也是中国工人阶级在反对国民党反动派及美帝国主义总目标下空前团结的大会。出席这次大会的工人代表，包括全国各个地区、各大产业部门和各种工会组织的代表，上海、天津、武汉、华南等地国民党统治区各大城市的代表，铁路、矿山、军工、电业、纺织等各大部门的代表，以及解放区职工总会、中国劳动协会、国民党统治区地下民主工会等各种工会组织的代表，共五百零四人（总计代表全国有组织的工人二百八十三万）。大会历时二十日，在八月二十二日胜利闭幕。制订了全国总工会章程，选出了中华全国总工会执行委员会，成立了全国工运统一的最高的领导机构。并确定“澈底推翻美帝国主义及其走狗国民党反动派在中国的统治，建立新民主主义的中国人民民主共和国”为当前中国工人阶级的总的任务。

（《苏北日报》，1949年5月1日，第二版）

附录

为迎接全国解放而欢呼

李凤莲

1948 年，正当人民解放战争节节胜利，国民党反动派面临着总崩溃的时候，我到哈尔滨参加了第六次全国劳动大会。

胜利虽然接近了，但是困难还是不少的。我们参加这个大会，也经过一段极为艰苦而惊险的历程。

那时，我正在陕甘宁边区被服厂做工。我们的工厂在胡宗南进攻延安时转移到山西索达干村。在那里，我们继续开展了火热的生产竞赛，积极支援前线。

1948 年 1 月的一个晚上，我们刚开完生产大会，党支部书记兴冲冲地跑来对我说："好事！好事……"他还没来得及说完，工友们乱哄哄地涌了来，吵吵嚷嚷地来向我道喜。闹了半天，我才知道，原来同志们推选我当代表，去参加第六次全国劳动大会。我听了，又兴奋，又惭愧。心里直嘀咕：我没有什么了不起的成绩，而且文化低，连自己的名字也写不好，怎么当代表呀！但看着同志们一股劲地闹着向我祝贺，我又高兴地跟着大家跳起来。

过了几天，厂长和党支部书记找我去谈话，告诉我，大会在哈尔滨召开，途程很远，而且还要通过敌人的封锁线，不但要有克服困难的精神，并且要严守纪律，以免发生意外。最后告诉我，延安很快就要光复了，叫我愉快地踏上征途……

2月底的一天，我们陕甘宁边区工会代表团出发了。临走时，组织上还给了我们两匹马。一路上，大雪纷飞，寒风刺骨，山路崎岖又泥泞。人跌下来还未爬起，马又倒下去。就这样，我们一天也得走八九十里。不久，脚底起满水疱，水疱破了，又磨成一块块厚茧。那时，我生孩子才刚满月，身体很容易感到疲劳。同志们关心我，常常让我骑马。可是那马在延安撤退时驮东西把背压坏了，人骑上去马就受不了，所以我们只得勉强走。有时，大家都走不动了，就互相“打气”说：“延安快要光复啦，加油吧！”一提起光复延安，大家就百倍地兴奋，又谈谈笑笑地继续走了。我们也常常以讲故事、唱歌来消除疲劳。

3月中旬，我们到了石家庄。一进城，就听到延安光复的消息。我们都兴奋得像小孩一样跳着叫着。几月来，旅途上的疲劳一下都给赶走了。

过石家庄以后，我们经常要通过敌人的封锁线，大部分都是夜里行军。那时平津还没有解放，不能直接出关，要从山东的一个岛渡海到大连，转入朝鲜，再绕回我国的东北。

到了山东的某岛，找到了我们的一个机关（我已经忘记是什么机关）联系。那里的同志就根据我们各人的特长和外貌，替我们化装。因为我会裁衣服，就替我化装成一个裁缝。那里的同志还告嘱我，如何对付敌人的查问。

这次渡海，有解放军和民兵护送。和我们同船的，还有其他解放区的代表团。我们的轮船一离码头，团长就低声对我们说：“在海上，如果有什么事情发生，必须保持镇静。大家放心，我们一定能安全到达的。”话刚说完，突然听到一阵阵枪声，由远而近，接着是猛烈的回击声。我们知道是敌舰追来了。经过十多分钟，护航的同志把敌舰击退了。

艰难的行程结束了，我们终于在6月底到达哈尔滨。

从山沟里一下到了大城市，一切对我都很新奇：电车、汽车、电灯、高大的楼房……都是我生平第一次看到，也是第一次享用。不禁使我想起了一些领导同志对我讲过的话，世界上一切物质财富都是我们工人创造的，总有一天，这些财富都要回到我们的手里来的。现在，不是都已实现了吗？我当时真是兴奋极了！

8月1日，大会在兆麟大戏院开幕了。会场门口，高悬着毛主席和朱总司令的画像。场里场外，张灯结彩，红旗飘扬。大门口还结扎起三个大红拱门，上面写着："全国工人阶级与全国人民团结起来，打倒国民党反动统治，建立新中国，反对美帝国主义侵略中国。"会场里面还挂着中国工运领袖邓中夏、苏兆征、邓发等烈士的遗像。

参加这次大会的，包括全国各地区、各大产业部门和各种工会组织的代表，其中计有华北、华东、东北、西北、中原、两广等各解放区的代表，上海、天津、武汉、华南等国民党统治区各大城市的代表，铁路、矿山、军工、电业、纺织等各大产业部门的代表，以及解放区职工总会、中国劳动协会、国民党统治区地下民主工会等各种工会组织的代表，共518人，代表有组织的工人283万人。这些代表，除了本地及附近解放区的代表以外，都是冒着生命危险、冲破敌人的重重封锁而来的。

大会共开了22天。在大会上，我们听取了李立三同志的开幕词，听取了陈云同志"职工运动的当前任务"和朱学范同志

"国民党统治区职工运动"等报告。大会号召：全国工人阶级团结起来，支援解放战争，打倒国民党反动统治，迎接全国解放。大会还决定恢复中华全国总工会，通过了新的中华全国总工会章程，选举了中华全国总工会的执行委员和候补执行委员。另外，还通过了解放区工人的工时、工资和工人福利的决议。会场的情况十分热烈，口号声、欢呼声、歌唱声震动全场。代表们都纷纷保证，一定积极响应大会号召，积极支援解放战争。

大会期间，我们常常和各代表团联系，亲切地交谈。我记得我和上海代表团团长汤桂芬同志谈得最多。她告诉我，上海的工人在国民党统治下怎样受压迫、受剥削，他们又是如何同反动派进行斗争的。我听了十分激愤。我想起了我从小也是一个受尽苦难的人，并且几乎活不下去，是党救了我，并且教育和培养了我，现在又给我这样的荣誉……然而，现在不知还有多少兄弟姐妹在国民党反动统治下，还是和我过去一样受苦受难啊！想起了这一些，响应大会号召的决心就更加坚决了。

田羽记

（《中国工人》，1957 年第 22 期，第 16–17 页）

参加六次劳大前后

沈翔声

一

一九四八年一月，我在香港参加党举办的学习班。学习班负责人是马纯古和纪康。四月份学习班结束时，上海发生了“王孝和事件”，上海局的领导同志决定派纪康立即赶回上海，负责美商上海电力公司党组织的整顿工作，处理这一事件的善后。

这期学习班结束后，组织把我和朱俊欣、欧阳祖润、韩武成四人留了下来，马纯古只对我们透露“另有任务”，干些什么却没有具体讲。第二期学习班开始时，又通知我们再次去参加学习，我们摸不透究竟是怎么回事。后来，在《华商报》上看到了解放区要召开第六次全国劳动大会的报导，引起了猜测。果然，马纯古正式通知我们：组织决定派我们作为上海工人的代表去哈尔滨参加六次劳大。当时，从香港去哈尔滨有三条路线：一条是回上海后经苏北北上；一条是从广州经汉口去东北；另一条是从海上经南朝鲜转大连到哈尔滨。不论是哪一条路线，都有危险。经领导研究后，选择了后者，因为已派人去开辟经南朝鲜北上的这条交通线。鉴于人多不方便，让我们分批走，我排在最后，到七月三十日才离港。

行前约一星期，马纯古通知我次日去轮渡口，有人在那里等我去接关系。他透露，我对来人不仅认识而且还很熟悉，但我一时猜不准是谁。第二天，我按时到达，一见面，原来等我的是沈涵。他是我在上电时的老同志，我们在战斗中建立了深厚的情谊，今日异乡相逢，格外亲切。我们在一家茶馆促膝长谈，倾吐思念之情。原来他来港后在劳协主持工作。上电另一位同志廉洁同他在一起。沈涵告诉我：组织给我一个任务，带劳协的两个干部叶维民和李凡英一起走，他们是党外人士，也是去参加六次劳大的。

行前两三天，刘晓同志要我去见他，布置我带一位女同志和一个仅八九岁的男孩一起去大连养病。那位女同志是新四军领导干部袁国平的爱人邱一涵，国平同志已经牺牲，她也受过伤，很虚弱，上肢活动困难。刘晓同志叮嘱我途中要保证他们的安全，照顾好起居。并说邱一涵同志水平很高，富有战斗经验，善于做思想工作，途中碰到困难和问题，要多听听她的意见，对我会有帮助的。听了这番介绍，我对这位尚未见过面的同志已怀有深深的敬意。后来途中的经历，证明她不愧为经受长期革命锻炼的老干部。

刘晓同志要我上船后充作“阔佬”，特地给了我一套西装，还发给我一笔港币和美钞。遵照刘晓同志的指示，我买了一打啤酒和五六听名牌香烟，以便带上船去“摆阔”。一进舱，我出手就给服务员十元港币赏金，这是开辟这条路线的万景光教我这样做的，果然很灵验，一路上受到殷勤招待，关心备至。

二

到了仁川，南朝鲜的水上宪兵队、陆上宪兵队、警察局的人相继上船来，不准我们的船靠岸，逐个进行盘问。他们查问我来仁川干什么？我说是做生意，他们要看我的货，我煞有介事地说：“我是准备来这里开店的，所以连家眷和伙计也带来了。”这些家伙用挑剔的眼光盯住我们一行看看，我西装笔挺，似乎颇有气派，看得出并不怀疑我是个“生意人”，便问我何处落脚，我立即讲出了一家贸易行的招牌。这家贸易行同我们解放区有交往，这次就利用这个关系做落脚点。他们见我回答自然，抓不住破绽，于是要我找家铺保。在仁川我并无别的关系，即使讲的这家贸易行也只知老板的姓名，而未识其人，要此人作保，实无把握。但我还是装得若无其事、漫不经心的样子，一口答应。这次盘问，终算告一段落。随后，他们立即去贸易行核实。这老板精得很，随机应变，问他什么，就证明什么，多方为我们打掩护，毫不犹豫地作了保。就这样，手续办妥后，允许我们上岸，很快，我们就同先行的老李联系上，他告诉我们等大连来船后就走。

由于我们的行李还被扣在海关，又麻烦这位老板帮着领了回来。他招待我们在贸易行后面的空房间暂住，还特意为我们设宴洗尘。据他说，他原籍山东，同我们解放区生意往来甚密。

在仁川一等就是三个星期，实在令人心焦。一天，从大连来了艘机帆船，按老李的安排，我们先去海边风景区，雇小船装作游览，游弋于海边，慢慢靠近机帆船，急速上去。傍晚，还未驶出仁川港，已被南朝鲜海军发觉，派炮艇追来，幸亏他们没有认准是我们的船，一味追问有否看到一艘大船。现在往哪个方向驶去。我们的船老大机警地诡称确实看到有艘大船开过，估计已经出港。南朝鲜海军很狡猾，怕我们乘机逃逸，拆下了我们船上驾驶用具，迫使我们抛锚等候。不久，他们扑空驶回，缠住我们找麻烦，最后搜遍了全船，随心所欲地抢走了我们的东西，还敲诈去十万元南朝鲜币，与海盗无异。幸好机帆船上有位会讲朝鲜话的船员，老练地同这帮家伙周旋，才同意放行。后来知道这些船员都是从解放军部队中挑选出来的，那位会讲朝鲜话的“船员”原来是保卫干部，是奉命来接我们的。党组织为我们考虑得如此周密，我们都很激动。

航行一天，还未出“三八战”，尚在危险区域，保卫干部提醒我们仍须继续保持高度警惕，以防不测。傍晚，他突然发现远方出现了一个黑点，判断是国民党的小炮艇，就敏捷地利用苍茫暮色，驶进小岛群隐蔽，耽到子夜，确定已无危险，才继续驶向前方。

在海上度过了紧张的两天三夜，终于到达大连。时已夜间，大连已宵禁，不能上岸。次晨，公安局派车把我们接到辽东饭店，这是大连最好的招待所，李一氓同志迎候在那里。我们将途中情况作了简要汇报，邱大姐母子由他另作安顿。他告诉我，原定乘火车去哈尔滨，因铁路无保障，已专门包了一艘苏联船，由大连经北朝鲜到哈尔滨。

我们在船上编了组，上海邮局的孙明同我一组，相互原不认识，我又改名叫裘荣庆，经过自我介绍，我们就谈得很投机。

船到罗津，由招待所接我们去稍事休息。当天夜晚，我们改乘火车到图们江的南阳站。一路护送我们的那位精明干练、认真负责的保卫干部持通行证送我们过了苏军驻守的图们江桥。来到牡丹江的解放军司令部，政治部丁主任亲切接待我们，经他同车站联系后，我们终于乘车抵达哈尔滨。

三

到达哈尔滨，李立三同志派秘书邓清仙把我们接到东新公寓。在那里，会见了上海代表朱俊欣等同志。这是些在上海白色恐怖下共同战斗的战友，今天会师于已经解放了的哈尔滨，又能荣幸地参加中国工人阶级的历史性盛会，并将并肩投入新的战斗，禁不住激动万分。朱俊欣告诉我，大会已胜利闭幕，但还有一些活动。对此，深感遗憾，我们来迟了！从同志们的介绍中，我得以了解了大会的概况。听说在大会以后，上海的代表还应邀去各单位参观并介绍上海工人与国民党反动派的斗争情况，引起了那里工人兄弟的极大兴趣。全总为了充实、健全其工作机构，特地留下了一些代表。倪复生和我因此被留了下来。大会结束后，各地代表团先后启程回去。有次，我随立三同志去欢送华北代表团。那天，上海代表朱俊欣和欧阳祖润随他们同行，他俩是去党中央所在地学习（起初我并不知道党中央所在地究竟在哪里，后来才听说在西柏坡）。接着，汤桂芬随蔡畅同志出国参加世界妇联的大会。上海的部分代表还接受帮助哈尔滨城市建设的任务。当时哈尔滨的电话杂音多，影响通话效果。全总派原在上海电话公司工作的江怡去哈尔滨电话局，帮助解决这个问题；原在上海法商电车电灯公司机务部工作的蒋阿龙，派到哈尔滨电车公司，帮助解决有轨电车运行时噪音大的难题。沈阳解放后，李家齐等部分上海代表派去参加接管工作。

那时形势发展很快，解放军进关后迅速投入平津战役。这时，党已全力筹划极其复杂的接管准备工作，而集中干部则是重要的一环。我们参加六次劳大的上海代表原已分散派出参加各项工作，此时决定立即召回，全部集中，由全总秘书长许之桢率领，为接管平津作好一切准备。因为我来自上海杨树浦发电厂，组织上曾考虑派我去接管石景山发电厂。后来经东北局同意，立三同志决定我仍留在他身边，担任机要秘书，直到为解放上海，才随军南下。

北平解放后，我们就来到这个故都。这段时间里，最幸福的时刻，就是去北平机场欢迎毛主席、朱总司令和党中央其他领导同志。前一天，许之桢紧急通知上海所有代表全部回京，连在天津工作的也火速赶回，原说在第二天早晨开紧急会议，但人到齐了，会还是没有开，许之桢只关照大家在办公室里等，不要离开。对这种异常情况，丈二和尚摸不着头脑，大家都在猜测，但都猜不准。有人来向我摸底，我只能回答：“无可奉告。”其实，我这个机要秘书当然是知道的，但这是纪律，我不能犯小广播的错误。大家等着等着，越等越心急，越等越疑云层层。直到下午一时，电话铃响，许接电话后，立即开会，会场寂静无声，只听他高声宣布：“现在告诉大家，立即就走，去欢迎毛主席、朱总司令和党中央！”话刚完，全场沸腾，有人跳了起来，确实，谁能预想到这个幸福的时刻会突然降临！这时我忙着给大家分发别在胸前的欢迎绸带，这绸带很精美，黄底红面，四周烫金花边，中间印有“欢迎”两个金字。

到了机场，全总的老干部和我们排在第一排，大家期待着能早点看到为中国革命作出卓越贡献的党中央领导同志。突然从人群中传来了“毛主席来了！”的呼欢声。顿时掌声、口号声交织在一起，响彻云霄……

（上海工人运动史料委员会办公室编印：
《上海工运史料》，1986年第1期）

一点回忆和体会
——纪念六次劳大 40 周年（节录）

陈用文

全总工运研究会与黑龙江省总工会、哈尔滨市总工会，在六次劳大 40 周年的日子里，召开这次研讨会是很有必要、很有意义的。现在把我对六次劳大的一点回忆和体会讲一讲，以供同志们研究六次劳大这段工运历史作参考。

（一）

我首先要说的一点是，六次劳大的胜利召开，始终是在党中央的亲切关怀、具体指导和直接领导下进行的。

大家知道，中国现在的工人运动有一个突出的特点，也是它的一个突出的优点，就是它一直是在中国工人阶级自己的先进部队——中国共产党的领导下产生和发展起来的。

1948 年是中国人民革命战争取得了伟大胜利、中国革命达到了夺取全国胜利的历史转折点，六次劳大也就是在新中国建立前一年多一点的时间召开的。

这次大会的胜利召开，正是中国共产党中央领导全国人民达到伟大胜利的一项重大决策，发动和组织全国工人阶级迎接全国解放胜利的重大决策，正如党中央对这次大会的祝词中所说的。

——这次大会是自1929年在上海秘密环境下举行的五次劳大十九年以来第一次全国工人阶级的代表大会。

——是全国工人运动重新在革命的旗帜下统一起来，团结全国各族人民迎接全国胜利的团结的胜利的大会。

大会规定了全国职工运动的总任务，规定了各个不同地区的职工运动的任务，还特意决定恢复第一次大革命时期的中华全国总工会，选举了中华全国总工会的新的执行委员会，并通过了新的中华全国总工会章程。

这是一次继承中国革命的职工运动光荣传统、开拓中国职工运动新篇章的具有重大历史意义的全国工会代表大会。

六次劳大的40年也是中华全国总工会从六次劳大正式恢复以来的40周年。我们纪念它的40周年，就要研究它的历史的和现实的意义。

（二）

（前略）我原是延安中共中央职工运动委员会的工作人员。1945年日本投降以后，中央职委的干部大部分奔赴全国各地，最后只剩下李颉伯、陈希文和我三人留守。此时三人都不安心留守机关，要求派出工作。中央当时是任弼时同志分管职委的工作，一天下午，弼时同志把我们三人叫到他在枣园的住处，对我们说："你们都写了报告要出去，一起商量一下吧，谁出去好！也不能都走呀，机关也要有人留守呀！"各人都申述了自己要走的理由，弼时同志最后指着我说："他是工人，又年轻，让他去吧！到张家口，一面为中央搜集解放大城市的职工运动经验，一面参加地方工作。另外派一个同志给他当助手，也参加地方工作，你们就是中央职委派出的工作人员，以后要回来的，给你的助手就留在地方了。”这样，我就和张浩同志的原秘书王耀林同志一起，于1945年11月随延安最后一批赴前方的干部，从延安步行穿过同蒲路封锁线到了张家口，在晋察冀边区总工会工作。

1947年春，接中央电报要我立即回延安，正准备出发，又接中央来电暂缓回延，后来方知当时中央已撤出延安。不久，少奇同志和中央工委来到西柏坡，我就从晋察冀调到中央工委。1947年11月12日石家庄解放不久，少奇同志又派我到新解放的石家庄做工会工作。

1948年4月，中央决定在哈尔滨召开六次劳大，晋绥、晋察冀、晋冀鲁豫边区的工会代表以及关内其他解放区工会的部分代表，先后到石家庄集合，为赴哈尔滨开会做准备。这时，中央指定我为华北代表团团长，负责石家庄的接待工作。各地代表团团长在出发前要到西柏坡向中央汇报，听取中央指示，这时我已做好去哈尔滨开会的准备。在西柏坡向中央汇报时，周恩来副主席最后说：大会决议案由中央负责起草，章程由哈尔滨负责起草。周副主席当场说了决议案内容的12条纲要并作了简要说明，然后向少奇同志和颉伯同志说：“你们要给我留下一个熟悉情况的人呀！”颉伯同志与少奇同志轻声交换意见后，看着我说：“就他吧。”少奇同志说：“陈用文就不要去哈尔滨了，留在中央参加决议案的起草工作，华北代表团由李颉伯任团长，带队前去。”这一突然的决定，完全出乎我的意料。

中央决定决议案的起草工作在周副主席的直接领导下，具体工作由当时任中共中央统战部部长的李维汉同志主持，当时住在统战部的齐燕铭、高文华、王翰、梁湘等同志参加。

开始，由李维汉同志带领我们几个人住在石家庄市委院内，就近在石家庄市内的工厂企业进行调查研究，按照周副主席提出的12个题目，一个一个地交谈、研究。5、6、7三个月正当炎热的夏季，这些老同志除王翰同志因病住在中央统战部所在的平山县李家庄未去石家庄外，都集中在石家庄，整天挥汗研究不已。当然，也有休息、娱乐的时候，打打扑克、麻将，吃吃西瓜，聊聊天，整个说来工作是严肃、认真、紧张、活泼而又愉快的。至于周副主席是怎样向维汉同志交代的，我们不知道。只是看到维汉同志担此重任沉着镇定，胸有成竹。我们在石家庄市委集中进行了一段调查研究之后，就一起回到李家庄中央统战部，由李老主持，一个一个问题地议，议一段，李老亲自执笔写一段。从头到尾，李老主持的讨论是十分民主的，大家畅所欲言，各抒己见，无拘无束，有时还争论得十分热烈。就这样，边议边写，边写边议，最后，议完了，决议案的全部稿子也就写出来了。李老嘱咐我按照讨论的结果对决议案的几个问题写个说明，作为附件一起送给周副主席和党中央，经周副主席亲笔逐段逐句点阅，又经少奇、朱德、弼时同志和毛主席圈阅后，由中央用电报发到哈尔滨并在六次劳大大会上通过。这就是我知道的六次劳大决议案在中央起草的经过。

（三）

六次劳大通过的《关于中国职工运动当前任务的决议》（以下简称《决议》）共分四章十二节，在第三章第四节中又细分为九项十八点。这是党中央在全国解放前夕关于中国职工运动方针的一部全面系统的纲领性和政策性的文件，也可以说它是中央对全国解放以前中国职工运动经验的科学概括。其中所规定的都是从当时中国的实际情况出发的关于职工运动的一些根本性的原则问题和政策问题，不仅对全国解放前后的职工运动有极其重要的指导意义，就是对40年后今天的工会工作也有其不可忽视的研究价值。现在就把我的一些粗浅体会，概述如下。

1. 中国职工运动的总任务，离不开全国各族人民的总任务，它既要从全国人民的总任务出发，又必须为了实现全国人民的总任务，而且应该和必须站在为实现这个总任务而斗争的最前列。我体会，这正是中国革命的职工运动的特点和传统。

马克思早就指出："工会应该向全世界证明，它们绝不是为了狭隘的利己主义的利益，而是为了千百万被压迫者的解放进行斗争。"中国工会正是这样把全国人民当前的最高利益与最高任务当作规定自己行动的总任务的总前提和总根据的。六次劳大规定的总方针、总任务是这样定的，工会七大、八大、九大和十大所规定的方针任务也都是这样定的。

1978年10月11日，邓小平同志代表党中央和国务院在中国工会第九次全国代表大会上的致词中说："全国第六次劳动大会和工会第七次、第八次全国代表大会所规定的工人运动的路线、方针、任务是正确的。全国总工会和各级工会组织在党的领导下做了许多很好的工作，对全国的社会主义革命和社会主义建设的胜利发展起了重大的作用。"这是小平同志首先冲破"左"的错误影响，拨乱反正，对我国工会的路线、方针、任务及其在革命和建设中的作用，作了明确的肯定和高度评价，对长期受到“左”的错误的精神压抑的广大工会干部是一种极大的振奋和鼓舞。

中国工会的路线、方针、任务，从来是在中国共产党中央的直接领导下制定的。这是党对工会的政治领导的最根本的内容，工会必须接受党的领导，才能正确规定自己的方针、任务。因为，共产党是工人阶级的先进部队，“他们比其余的无产阶级群众优越的地方在于他们了解无产阶级运动的条件、进程和一般结果”。

离开了全国人民当前的总任务，离开共产党的领导，工人运动和工会工作就不可能正确地规定自己的路线、方针和任务。这是中国工人运动和工会工作的一条最根本、最重要的经验。六次劳大关于中国职工运动当前任务的决议的制定——这个中国工人运动历史的重大实践再次向我们展示了这条最根本的经验，也是中国工人运动经过长期实践的检验所证明了的真理。

2.《决议》关于国民党统治区职工运动的规定，是党在白区工作经过长期“左”的错误摧残、遭致严重损失后得出的正确方针——隐蔽精干、积蓄力量、长期埋伏、以待时机这一方针在国民党统治区的继续贯彻。《决议》则更加强调“应比以往任何时期都要更加善于联系群众，在继续聚积力量的前提下还要扩大队伍，以便迎接人民解放军的到来”。同时提出国民党统治区的职工应该主动联合民族资本家一道共同反对帝国主义与官僚资本。在人民解放军到来时，职工们还应当尽力保护一切公私企业及其工厂机器和物资不受破坏。这些都保证我军解放城市后接管工作的顺利进行。

3.《决议》用了很大的篇幅详细规定了解放区职工运动的方针和政策。这些规定，一方面是中央对革命根据地中职工运动经验的概括，在此基础上制定的一系列方针政策，也是为全国解放后——工人阶级执政条件下的工会工作的正确开展作准备。例如,《决议》首先明确指出:“在解放区的职工运动则是在一种完全新的条件之下进行的。”同时提出：解放区的职工们必须很好地组织起来，很好地进行学习，提高自己的觉悟，“以便很有组织地很自觉地去积极参加新民主主义的国家政权、军队、经济、文化各方面的建设工作，并选派自己优秀的代表到国家的各种领导机关去”。用今天的语言来说，这不是解放区的职工们享有其广泛的参政议政的权利吗?《决议》指出:“由于解放区的工人阶级不但在政治上、社会上居于主人地位，而且在国家政权中首先在国家企业中居于领导地位。”要求解放区职工们应当以主人翁的新的劳动态度对待自己所参加的劳动。这也正是少奇同志早在 1934 年 3 月在中央革命根据地提出的《用新的态度对待新的劳动》这一思想在新的历史条件下的运用和发展。这一思想，至今不也仍然具有很重要的现实意义吗?

4.《决议》在解放区职工运动的任务中，对解放区工业建设中的一些基本政策问题，作了一系列的规定。例如，关于工业的计划性的问题，国营、公营企业的经营管理问题，关于工业中的干部问题，工时、工资、劳动保护福利事业的问题，关于女工、童工和学徒的问题。《决议》对这些政策性很强的问题都一一作了明确具体的规定。当时还没有全国统一的政府，这些政策规定作为六次劳大的决议通过以后，各解放区的人民政府就可分别以法令的形式贯彻执行，所以它实际上是带有法令性的规定。

在这些规定中，有些指导思想现在看来也是非常重要、非常可贵的。比如，在国营、公营企业的经营管理工作中，既要贯彻企业化原则，又要实行管理民主化。提出要在各企业各工厂中建立统一领导的工厂或企业管理委员会，在五百人以上的大工厂还可由各部门职工（包括学徒）代表组成工厂代表会议，同时亦应发挥生产小组会议的作用。《决议》指出：只有经过这些集中领导下的民主形式和民主方法，才能培养职工的管理能力，发扬厂内批评和自我批评，克服官僚主义作风，并发展正确的劳动竞赛和劳动英雄运动。我体会，这可能是我国最早提出的企业民主管理的指导思想和原则规定。后来，1949 年 8 月华北职工代表会议通过的《关于在国营、公营工厂中建立工厂管理委员会与工厂职工代表会议的实施条例》，就是根据六次劳大决议的精神制定的。现在的《企业法》中也仍然体现了这种精神，当然比六次劳大当时的规定要大大发展、提高和充实得多了。由此也可见，40 年前作出这些指导思想的党中央，是多么的高瞻远瞩！

再如，《决议》中关于工资政策的一系列规定的指导思想也是极其重要的。我体会它的基本精神是：既要保障职工生活的需要，又要照顾到战时经济条件的限制；既要照顾到革命根据地长期实行基本上是平均主义的供给制待遇的实际，在全国即将解放的形势下，又不能不照顾到职工在解放前原有待遇的情况；既要保障职工的最低生活水准，又要保障不同工种、不同技术等级和不同熟练程度的职工的劳动热情，所以提出应采取交叉累进的等级工资制。它的实际意义是在于克服平均主义的弊端。这种指导思想在今天对克服“大锅饭”的弊端，实行按劳付酬、多劳多得的原则，仍不失其重要的现实意义。

另外，《决议》中关于女工、青工、童工、学徒的规定，关于劳动保护和职工福利事业的规定等，都是从我国的国情出发，从当时还处在战争时期的实际出发，又照顾全国将要解放的形势而提出的切实可行的政策规定。

5.《决议》中明确规定解放区工会工作的任务，是在“发展生产、繁荣经济、公私兼顾、劳资两利”的总方针下，团结全体职工，积极劳动，遵守纪律，保护职工的日常利益，教育职工，提高他们的文化水平，尤其是提高他们的技术能力和业务水平。

关于解放区工会的方针任务，除了以上这些总的规定外，《决议》中还分别具体地作出个别的规定，如在国营、公营、合营企业中发挥管理能力，在私营企业中实现监督作用，在个体劳动中促进技术改良和生产合作。另外规定，高级的工会机关有责任协助政府的劳动立法并采取具体办法，以保证以上有关工业和劳动的各项规定的合理实施。同时强调指出：工会内部须有充分的真正能集中群众意见的民主生活，须有切实的真正能够解决群众需要的经常工作，并须彻底整顿现在工会工作中的官僚主义作风和形式主义作风，做到工会名副其实地成为职工自己的组织。这些，不也正是今天工会在改革中所要着重解决的重大问题吗？

由此可见，当时中央对职工运动所起草的这个《决议》是从实际出发的，是对复杂的实际情况做了深入细致地分析之后才分别对不同情况作出各有侧重的不同的规定，而不是不加分析，笼而统之，一般化地不解决实际问题的。比如《决议》要求工会高级领导机关协助政府进行劳动立法，新中国成立初期的全国总工会协助中央人民政府和政务院进行了大量的有关工会、劳动保护、劳动保险等方面的立法工作，有许多至今还在起着重大的作用，这些都是贯彻执行六次劳大这项决议的结果。因此，我体会中央领导机关的一项决策，只要是从实际出发而又是反映了广大群众愿望的，那么它就会有强大的生命力，而受到群众的拥护。

6. 六次劳大决议还有一项具有历史意义的重要内容，即“决定恢复第一次大革命时期的中华全国总工会，并训令全国总工会新的执行委员会继续第一次大革命时期全国总工会的革命传统，在当前新的时期和新的条件下迅速组织全国的职工群众，并和全国各民主党派、各人民团体、各少数民族联合一致，为迅速推翻美帝国主义及其走狗国民党反动派政府在中国的统治，为建立统一的新民主主义的人民民主共和国而奋斗到底！”1949年7月的全国工会工作会议，提出把全国工人阶级组织起来的任务，正是为贯彻执行六次劳大的这项决议而召开的。它的重大的历史意义已经铭刻在党史和工运史上，这是确定无疑的了。

（四）

前面说过，六次劳大决议的起草工作，从决议案的总体设计、指导思想、框架结构和各项政策的细致规定，都是周恩来副主席亲自主持又逐一审定的。当时的周副主席还兼任着中国人民解放军总参谋长的要职，真是日理万机，他在那样繁忙的情况下还能如此擘划周详又深入细致、具体入微地领导六次劳大决议的起草工作。历史已经过去了40年，现在重温这份决议，当年情景历历在目，周副主席这种超人的工作精神和工作能力，实在令人敬佩不已！这更是我们在纪念六次劳大40年时所难以忘怀的。

（中华全国总工会工人运动研究会编：《新中国工会运动的起点——纪念六次劳大四十周年工运研讨会刊暨论文选集》，1988年，第6–11页）

选送代表参加六次劳大（节录）

张　祺

1948年3月下旬，刘长胜在工委会议上传达了党中央发给上海局的一份电报。党中央说，中国工人阶级的统一组织，目前急需建立。如蒋管区能有工人代表参加哈尔滨的解放区工人代表大会，即可召开第六次全国劳动大会，成立全国总工会。要求上海从主要工厂或产业工会中选出代表10人上下，去出席大会，其人选均要是工人中最积极且为群众所拥护者。党中央还规定了代表从苏北或香港进入解放区的路线。

全国劳动大会也可以说是解放前中国共产党领导下举行的工会全国代表大会。第一次、第二次、第三次大会是1922年、1925年和1926年的5月1日在广州举行的。当时总的形势是国共合作，但在工运方面，始终是以我党为主。第一次大会承认我党建立的中国劳动组合书记部为全国工运总通讯机关。第二次大会正式成立了全国总工会。第二次、第三次大会当选为全国总工会正副委员长的林伟民、刘少奇和苏兆征，都是我党领导工运的著名领袖。第四次大会于1927年6月19日在汉口召开，大会号召全国工人坚决反对蒋介石叛变。会后不出1个月，武汉发生七一五反革命政变，全总即转入地下，秘密迁往上海。第五次大会是1929年11月7日在上海秘密召开的，当时白色恐怖极其严重。可不到 20 年，我们就将在自己的解放区召开第六次大会，大家无不欢欣鼓舞，很快讨论确定了代表人选。

上海参加六次劳大代表共有 17 人。法电的朱俊欣、上电的欧阳祖润和沈翔声、百货业的韩武成等由于身份暴露已撤到香港。美商电话公司的倪复生、江怡、陆文达和英电的杨春霖等也已在苏北解放区。这些同志都由我们通过电台，要求那里的党组织通知他们去哈尔滨出席会议。纱厂汤桂芬、邮局的李家齐等则是由我们直接通知本人，从上海出发的。除了上面提到的几个同志外，出席六次劳大的上海代表还有：申九的徐明哲、法电的蒋阿龙和龚长庚、邮局的孙明、三区机器业的顾亮、三区毛纺业的惠根宝、民营棉纺业的工程师桂实之。上电的沈鸿春是我们派到东北学习企业管理的，也列席了大会。

六次劳大在 8 月 1 日正式开幕，大会提出，国统区职工运动的任务，重点是聚集力量，扩大队伍；联合民族资本家；保护一切公私企业及工厂、机器、物资不受破坏。因此上海代表团的保证是："上海解放之时，工厂仓库都能完整地转回人民之手……电灯马上恢复送电，自来水马上恢复送水，汽车电车要在流遍了工人热血的南京路上自由奔驰。"深夜，我在收音机里听到红色电波传来的大会实况，听到了汤桂芬、朱俊欣讲话的声音。

我在大会上当选为全总执行委员，用的是"张祺"这个名字。在那次会上当选全总副主席的刘宁一解放后告诉我，他替我用这个名字的缘故。1942 年我撤退去淮南根据地时，因为还要回上海，不能公开，而领学习材料和生活物品要签名登记，我就用了“张记”这个化名。我当时开了一家脚踏车修理行，而上海小店小摊都叫“王记”什么店、“李记”什么店的，很一般。刘宁一那时也在淮南，知道这件事，所以六次劳大确定执委候选人名单时，他就取“张记”的谐音，选用了“张祺”两字。解放后我就一直用这个名字。

1949年1月9日，张承宗送来了全总指示和52两黄金。全总的指示写在一张长不到20厘米、宽不过3厘米的小纸条上，至今还保存在市档案馆。全文如下：

上海工协：劳大决定号召解放区职工做义务工一天，将所得工资援助国民党统治区工人斗争，各地职工积极响应，现已收到捐款20余亿东北币，并先拨5亿东北币折合黄金52两3钱7分8厘，作为救济上海被捕和被迫离沪工人及其家属的费用，请代为分配办理并代致慰问。全国总工会。

我们把这一消息传达到各级组织，并将这些黄金兑换成银元，由各级党组织以上海工人协会名义送到牺牲、被捕和撤退同志的家属手里。大家都十分感动，就像在黑暗中看到了光明，增强了斗争胜利的信心。

六次劳大还为上海的工会组织培养了干部，上海代表在大会结束后，一路上参加了沈阳、唐山、天津、北平的接管工作，成为上海接管工作中的得力干部之一。

（张祺著：《上海工运纪事》，中国大百科出版社，
1991年，第247−250页）

从工会领导机关到基层工会
——三十年工会工作回顾（节录）

韦锡琢

1946 年初，中共中央华中分局成立不久，召开了华中地区（即淮南、淮北、苏中、苏北四个地区）工、农、青、妇、民兵代表大会。这次大会主要任务是贯彻党的七大精神和中央关于土地问题的指示（通称“五四”指示），建立华中统一的工、农、青、妇、民兵（武委会）组织。会议开了二个多月。会上，邓子恢、谭震林、张鼎丞、粟裕、曾山、李一氓、刘瑞龙等分局领导人传达七大精神，有的领导同志作了两三次报告。会后分别建立了华中工、农、青、妇、民兵的统一组织。刘瑞龙任华中总工联主任、李坚真任副主任。华中总工联同时召开了代表大会，各大区和军队各推出一个主任或副主任。淮北地区赵敏被选为华中总工联主任，我被选为常委兼组织部长，驻会主持日常工作。华中工、农、青、妇、民兵代表大会结束不久，刘瑞龙带领两个工作队到高邮地区，张维桢带领一个工作队到农村，我带一个工作队到高邮县城（这个工作队的成员主要是建淮大学的学生），发动工人建立工会。此时，我还到清江、淮城市、合德镇作关于工会组织等问题的调查研究工作。

1946 年 6 月，蒋介石悍然撕毁《停战协定》和政协协议，对解放区发动了全面进攻。当时由于敌我力量对比悬殊，1946年底，华中总工联机关就随分局撤出淮安城。总工联的主要领导人分头到前线。总工联机关所有留下的人员除体弱者、妇女之外，由我组织起来，到华野四纵队做支前工作，我任后勤部副主任。华东解放军苏北部队在陈毅、粟裕、谭震林等指挥下，在苏中地区七战七捷，沉重打击了国民党的疯狂进攻。1947年2月，我军在鲁中莱芜地区全歼国民党军队6万人，胶济路大部解放了。我带领的这批人员作了一些调整，经过整训，到了周村市。我任队长兼任市委委员、民运部部长，负责发动群众开展反奸反特诉苦斗争，在斗争中发现培养积极分子，发展党员，选拔干部。建立了周村市工青妇组织后，我兼任联合会主任。

1947年4月，国民党反动派从济南向胶济路进攻，攻占了周村市，我们不得不撤出周村市，分批至黄河以北的渤海区，参加区党委开展的工作队整训。我参加了二个多月区党委整党会议。区党委整党会议以后，组织上决定我带领一个由一百多名干部组成的土改工作团到阳信县搞土改，我任团长、书记并参加阳信县委常委会。不久又奉命带这个团所有人员南下中原。当时，整个南下干部编成长江支队洪湖大队，我带领的这支队伍成为洪湖大队的一个支队。

我们这个南下支队是随华东野战军前线指挥部粟裕司令员行动的。在行军过程中，接华东局给华野前线指挥部转长江支队的指示，要我和董铨同志带一二百个干部立即回山东渤海华东工委邓子恢政委处报到。邓政委对我说，经请示华东局领导同意，由我为华中代表出席全国第六次劳动代表大会。1948年

4 月 30 日，中央代表团到达华东局工委所在地，由邓子恢、张云逸把我介绍给中央代表团负责人李颉伯，把我和我的警卫员陆间明二人编在两广纵队政委林强云带领的那个组里。5 月初，我随中央代表团一起到胶东区党委所在地，在此又碰到华中的谢浩荣、杨汉章、钟道平、张崇西几位代表，我们经过海上封锁线，顺利到达大连。到了大连又遇华东代表团团长张福林、支部书记滕景禄。我们华中五位代表加上我的警卫员共六人加入了华东代表团。在大连住了几天，经安东（现丹东）于 7 月初安全地到达了东北解放区的首府——哈尔滨。

第六次全国劳动大会于 1948 年 8 月 1 日开幕，8 月 22 日闭幕，历经 22 天。中共中央对这次大会非常重视，给大会发来了祝词。陈云、李富春、张闻天、李立三等中央领导人主持大会，陈云作了《关于职工运动的当前任务》的报告，其他领导人也分别在大会上作了报告。大会决定恢复中国工人阶级的全国性组织——中华全国总工会。选举刘少奇为中华全国总工会名誉主席，陈云为主席，李立三、朱学范、刘宁一为副主席。大会根据中共中央祝词精神和陈云的报告，通过《关于中国职工运动当前任务的决议》，规定了当前全国工人阶级的总任务是彻底推翻帝国主义及国民党反动派在中国的统治，建立新民主主义的中华人民民主共和国。对解放区工会工作的要求是：在发展生产、繁荣经济、公私兼顾、劳资两利总方针下，团结全体职工提高觉悟，积极劳动，发展工业生产，保证革命战争的胜利。我们学习了中共中央的祝词和陈云的报告，进一步明确了工会工作的方针任务。六次劳大精神在工会干部和职工中产生了很大影响，对后来保护工厂迎接解放、恢复发展生产都具有重要的现实意义和深远的历史意义。

六次劳大结束后，大会秘书处组织关内解放区和敌占区代表到东北已解放的城市工矿企业参观学习，使我们受到了很大的教育，对我影响颇深。

1948 年 11 月，正值辽西战役开始，我们关内代表绕道内蒙古、热河，途经几个省区，花了近两个月的时间，回到了华东局。张鼎丞告诉我，华中分局工委来电要我回去。于是，我与华中代表一起于 1949 年 1 月回到了华中工委。

（江苏省工运史志编纂委员会编：《江苏省工会志》，
江苏古籍出版社，1994 年，第 547—550 页）

参加全国第六次劳动大会

杨长春

1948年8月初，全国第六次劳动大会在哈尔滨市召开。我们鸡西矿区在第一届职工代表大会上选举产生的、出席这次大会的代表孙然、徐宏文、杨长春、袁溥之、张正喜、王立顺、张德贵、王振祥，及列席代表孙贵山、孙少南等同志，同东北各矿区的职工代表，首次组成了东北煤矿职工代表团，出席了这次大会。鸡西矿区职工总会为了迎接这次大会的召开，号召全体职工掀起生产竞赛新高潮，计划在8月份生产原煤22万吨，实际完成了22.43万多吨。

我们在第六次全国劳动大会上听了陈云同志作的报告。大会号召：全国工人阶级在中国共产党领导下，配合中国人民解放军，打到海南岛解放全中国！并作出了恢复全国总工会的决定。

由于我们鸡西矿区关于工人阶级当家做主，实行民主改革与开展立功运动的经验在大会上很有影响，受到各地代表们的重视。大会闭幕以后，出席这次大会的60多位各地代表组成参观团，来到我们鸡西矿区和滴道矿参观。其中有著名的劳动模范——延安的赵占魁、上海的汤桂芬、哈尔滨的贺子祯等人。他们来到鸡西矿区后，同广大矿工见面、交流经验，互相鼓励，增进了团结和生产积极性。我们举行了盛大的招待会和文娱晚会欢迎他们。他们的到来，给鸡西矿区的广大职工群众带来极大的鼓舞。

鸡西矿区在这三年来的面貌发生了很大的变化，不仅发动和组织了广大职工群众进行了民主改革，提高了群众的觉悟，恢复和发展了生产，发展了党和工会组织，锻炼了党员、干部；而且为东北地区的工业战线培养和输送了100多名党、政和工会干部。在煤炭的生产上，从1946年7月开始到1948年，全矿区共生产了煤炭332.7万吨，装运贮煤286.2万吨。鸡西矿区广大职工以这些煤炭有力地支援了前线，以充足的燃料保证军运，促进了全东北的早日解放。鸡西矿区为解放全东北做出了巨大的贡献。历史将永远铭刻着鸡西矿区职工的功绩。

1949年4月26日，东北煤矿职工代表大会胜利闭幕。大会选举产生了东北煤矿职工总会执委会。我被选为东北煤矿职工总会主席。

（杨长春著：《杨长春回忆录》，中共党史出版社，1999年，第190—192页）